KB260274

# 자아 발견과 영적 성숙

강준민 영적 성숙 시리즈 3

# 자아 발견과 영적 성숙

지은이 | 강준민
초판 발행 | 1999년 8월 5일
개정1판 11쇄 발행 | 2025. 12. 13

등록번호 | 제3-203호
등록된 곳 | 서울특별시 용산구 서빙고동 95번지
발행처 | 사단법인 두란노서원
영업부 | 2078-3333    FAX 080-749-3705
출판부 | 2078-3477

▌책 값은 뒤표지에 있습니다.
  ISBN 978-89-531-1567-5    03230

▌독자의 의견을 기다립니다.
  tpress@duranno.com    http://www.Duranno.com

▌이 책의 본문은 개역한글을 사용했습니다.

두란노서원은 바울 사도가 3차 전도여행 때 에베소에서 성령 받은 제자들을 따로 세워 하나님의 말씀으로 양육하던 장소입니다. 사도행전 19장 8-20절의 정신에 따라 첫째 목회자를 돕는 사역과 평신도를 훈련시키는 사역, 둘째 세계선교(TIM)와 문서선교(단행본·잡지) 사역, 셋째 예수문화 및 경배와 찬양 사역, 그리고 가정·상담 사역 등을 감당하고 있습니다. 1980년 12월 22일에 창립된 두란노서원은 주님 오실 때까지 이 사역들을 계속할 것입니다.

# 자아 발견과 영적 성숙

강준민 지음

두란노

| 목차 |

# 2부 영성과 자아 개발

그리스도 안에서
참 자아를 발견하는 행복을 누리십시오


존귀하신 예수님을 만난 이후로 저의 인생은 변화되었습니다. 주님과의 만남을 통해서 누린 가장 큰 축복은 제 자신을 발견한 것입니다. 그리고 제 자신 안에 감추어져 있던 엄청난 가능성을 발견한 것입니다. 주님은 제 안에 있는 가능성을 보여 주셨을 뿐만 아니라 가능성을 개발하도록 도와주셨습니다.

연약함과 열등의식 속에 살았던 저에게 주님은 놀라운 계획을 보여 주셨습니다. 꿈을 심어 주셨습니다. 눈을 열어 주셨습니다. 저의 사명을 알게 하셨습니다. 저의 사명은 피 묻은 복음을 전하는 것입니다. 그리고 예수님 안에서 변화된 사람들 안에 있는 가능성을 발견하도록 도와주는 것입니다. 가능성을 발견할 뿐만 아니라 가능성을 개발하도록 도와주는 것입니다. 저는 사람들을 좋아합니다. 사람들을 만날 때마다 제 눈에는 그들 안에 있는 엄청난 가능성이 보입니다. 하나님은 잡초 같은 인생도 꽃피우게 하십니다. 지렁이 같은 인생을 변화시켜 날카로운 타작기와 같이 사용하십니다.

특별히 저의 가슴에는 목회자들을 향한 부담감이 있습니다. 그 부담감은 곧 사랑입니다. 열악한 환경에서 섬기시는 목회자들과 선교사들이 우리 수위에는 너무나 많습니다. 큰 꿈을 가지고 시작한 사역이 꽃을 피우지도 못한 채 시들어 가는 느낌을 가지고 살아가는 하나님의 사람들이 많이 있습니다. 잊혀진 존재와 같이 살아가는 분들이 많이 있습니다. 모세가 통과했던 하나님의 광야를 통과하는 분들이 많이 있습니다. 그러나 낙심해서는 안 됩니다. 하나님의 은사와 부르심에는 후회하심이 없습니다(롬 11:29). 하나님은 자신이 선 자리에서 최선을 다하는 분들을 소중히 여기십니다.

이 책은 두란노서원의 목회 연구원에서 강의한 내용을 정리한 것입니다. 목회자들을 상대로 한 세미나이긴 하지만 평신도들에게도 똑같이 적용될 수 있는 원리가 담긴 글입니다. 최근에 저는 평신도들 가운데 탁월한 영적 안내자가 많이 일어나는 것을 보고 있습니다. 제가 쓴 글마다 영적 안내자의 중요성과 역할을 강조한 것은 어떤 면에서 우리는 누구나 다 영적 안내자이기 때문입니다.

이 책을 기록한 목적은 독자들로 하여금 그리스도 안에서 자아를 발견하도록 돕는 것입니다. 또한 자신 안에 있는 가능성을 발견하고, 그것을 개발하도록 도전하는 것입니다. 그런 과정을 통해서 영적 성숙에 이르도록 돕는 것입니다. 가장 무서운 장애물은 환경이 아닙니다.

우리 내면에 있는 낙심입니다. 포기하는 마음입니다. 우리는 좌절된 꿈을 회복해야 합니다. 환경을 뛰어넘어 새로운 미래를 향해 전진해야 합니다.

영적 성숙이란 저절로 되지 않습니다. 성숙을 향한 꿈을 가지고, 대가를 지불할 때 찾아오는 것입니다. 못하는 사람보다 안 하는 사람이 더욱 많습니다. 인생의 성패는 자신을 움직이는 능력에 있습니다. 하나님의 도우심을 받아 자신을 움직일 수 있는 사람이 세상을 움직일 수 있습니다.

자아를 발견하고, 자기를 개발하는 길은 결코 쉬운 길은 아닙니다. 자신의 현재의 모습을 포기하고, 버려야 하고, 떠나는 모험을 감수해야 합니다. 단순한 공간적인 개념을 넘어선 내면의 변화가 있어야 합니다. 지금 처한 환경을 변화시키려고 노력하기 전에 자신의 변화에 초점을 두고 이 글을 읽으십시오. 저는 영성 개발의 핵심은 깨달음에 있다고 믿습니다. 그런데 이 깨달음은 만남을 통해서 옵니다. 하나님과의 만남, 사람들과의 만남, 자기 자신과의 만남, 좋은 책과의 만남, 위기와의 만남입니다. 그래서 제 글에는 깨달음과 만남이라는 주제가 거듭해서 언급됩니다.

저의 기도는 이 작은 책 한 권이 어떤 한 사람의 생애를 변화시키는 만남의 장이 되는 것입니다. 그 이유는 한 영혼이 천하보다 귀하며, 지극히 작은 자에게 한 것이 곧 주님께 한 것이기 때문입니다. 작은 책 한 권이 나오는 것도 결코 쉬운 일은 아닙니다. 많은 시간의 몸부림과 고뇌와 씨름이 있기 때문입니다.

양해를 구하는 것은 이 책은 이론서가 아니라는 점입니다. 저의 삶 속에서 경험한 하나님을 드러내는 것이며, 제가 경험한 하나님의 축복된 원리들을 가슴에 가득 찬 언어들로 표현한 것입니다.

이 책의 개정판 출간에 즈음하여 소천하신 하용조 목사님께 다시 한번 감사를 드리고 싶습니다. 하 목사님의 사랑과 배려가 아니었다면 이 책은 출판될 수 없었기 때문입니다. 하 목사님은 저를 글쓰는 목회자가 되도록 도와주시고, 제게 귀한 사역의 장을 열어 주신 영적 스승이십니다.

사랑과 정성으로 책을 만들어 주시고, 이번에 개정판을 새롭게 출판해 주신 두란노 가족들에게 감사를 전합니다. 마지막으로, 저의 사랑, 저의 삶의 모든 깃이 되시는 보배로우신 예수님께 감사를 드립니다.

로스앤젤레스에서

강준민 드림

# 1부

# 영성과 자아 발견

하나님을 만날 때 비로소 자기 자신과 만나게 된다.
내적 혁명이 일어난다. 참된 내적인 변화는 하나님을 만날 때
시작되며 주님을 깊이 알아갈 때 성장하게 된다.

# 참된 배움은 자아를 발견하는 것

영적 성숙은 자아 발견에서 시작된다. 자신의 진면모를 발견할 때 성장에 대한 열망을 갖게 된다. 자아 발견은 배움에서 온다. 배움의 목적은 자신을 발견하는 것이다. 자신 안에 있는 것을 보게 하는 것이 교육의 목적이다. 배움은 깨달음이다. 깨달음은 열림이다. 배움을 통해서 자신의 세계가 열린다. 열린다는 것은 본다는 것이다. 배움을 통해서 자신을 보게 된다. 진정한 배움은 외부에서 무엇인가를 주입시킨다는 것보다 더 큰 의미를 가지고 있다. 참된 배움은 자신 안에서 일어난다. 자신이 알고 있는 것과 가지고 있는 것을 발견하도록 돕는 것이 배움이다. 영적 안내자는 사람들로 하여금 배움이 일어나도록 돕는 사람이다. 자기 자신을 발견하고, 자기 자신을 만나도록 도와주는 사람이다.

　배움은 만남을 통해서 일어난다. 때문에 사소한 것처럼 보이는 만남이 한 사람의 생애를 변화시킨다. 영적 안내자는 만남을 창출한다. 하나님을 만나게 하고, 탁월한 하나님의 사람을 만나게 하고, 좋은 책을 만나게 한다. 그 만남을 통해서 자기 자신을 만나도록 도와준다. 영적 안내자는 만남이 일어나도록 돕는 역할을 하는 사람이다. 영적 안내자는 배움의 진정한 의미를 아는 사람이다.

　배움이란 자기를 발견하고 자기를 표현할 수 있는 것이다. 그리고 배움이라는 것은 진정한 의미에서 자신 안에 있는 위대함을 발견하고 개발시키도록 도전하는 것이다. 리처드 바크는 배움을 이렇게 정의한다.

　"배움이란 당신이 이미 알고 있는 것을 발견하는 일이다. 삶이란 당신이 알고 있는 그것을 증명하는 일이다. 그리고 가르침이란 당신과 마찬가지로 다른 사람들에게도 그들이 이미 알고 있는 것을 일깨우는 일이다. 우리 모두는 배우며 살며 가르치고 있다."

　배움에 깨어 있으라. 열린 마음을 가지라. 자아 발견을 향해 내면 세계로 여행을 떠나라. 감추어진 자아를 발견하기 위해 떠나는 것이 영성 생활의 출발이다.

# 01

## 자아 발견은
## 깨달음에서 시작된다

영성이 깊다는 것은 영적으로 성숙하다는 것이다. 영적 성숙은 예수님을 닮은 정도로 측정된다. 영적으로 성숙하다는 것은 예수님의 모습을 많이 닮았다는 것을 의미한다. 영성 생활이란 성령님 안에서 말씀을 통해 예수님의 모습을 닮아 가는 것을 의미한다. 영성 생활의 본질은 영적인 것을 추구하는 것이다. 영적인 것은 성령님의 도우심으로만 가능하다. 성령님과 말씀은 함께 간다. 성령님과 말씀은 인간을 변화시키고, 성숙시킨다.

영적 성숙을 위한 변화는 깨달음에서 시작된다. 깨달음이 열쇠다. 깨달음은 배움을 통해서 온다. 영성을 개발하기 위해서는 깨달음이 있어야 한다. 깨달음은 성장의 기초이며, 하나님 나라의 원리다. 깨달음이란 눈을 열어 주는 것이다. 자아 발견을 위해서는 눈이 열려야 한다. 자신의 진면모를 볼 수 있어야 한다. 깨달음이란 자신의 모습을 있는 그대로 보는 것이다. 자신의 내면 세계에 무엇이 있는지를 보는 것이다. 자신의 어두운 부분과 밝은 부분을 보는 것이다. 자신의 죄인된 모습을 알게 된다. 또한 자신 안에 있는 재능, 은사, 가능성, 숨겨진 성품을 알게 된다.

깨닫게 되면 열린다. 그동안 자신 안에 감추어 있던 자신의 모습이 열린다. 자신의 세계가 새로운 각도에서 열린다. 깨달음은 도(道)다. 도는 길이다. 열린다는 말은 길이 보인다는 것이다. 깨달음이 있을 때 내면 세계가 열린다. 앞에 있는 길이 열린다. 하나님의 세계가 열린다. 영의 세계가 열린다.

영성 생활의 기초는 깨달음에 있다. 성경은 깨달음을 강조한다. 시편 기자는 "존귀에 처하나 깨닫지 못하는 사람은 멸망하는 짐승같도다"(시 49:20)라고 말한다. 인간과 짐승의 차이는 깨달음에 있다. 예수님은 깨달음을 배움의 핵심에 두셨다. 열매를 맺는 사람의 특징은 깨달음에 있다. 옥토의 특징은 깨달음에 있다.

예수님은 "좋은 땅에 뿌리웠다는 것은 말씀을 듣고 깨닫는 자니 결실하여 혹 백 배, 혹 육십 배, 혹 삼십 배가 되느니라"(마 13:23)고 말씀하셨다. 예수님은 깨달음을 최고의 축복에 두셨다. 예수님께서 말씀하신 복은 깨달음의 복이다. 베드로가 "주는 그리스도시요 살아 계신 하나님의 아들이시니이다"라는 신앙 고백을 했을 때 예수님은 칭찬하셨다. 예수님은 "바요나 시몬아 네가 복이 있도다 이를 네게 알게 한 이는 혈육이 아니요 하늘에 계신 내 아버지시니라"(마 16:17)고 말씀하셨다.

예수님이 누구신지를 아는 깨달음이 최고의 복이다. 산상수훈에서 말씀하신 팔복의 핵심도 사실은 깨달음이다. 눈에 보이는 물량적인 복이 아니다. 팔복의 특징은 영적이다. 내면적이다. 성품과 관련되어 있다.

깨달음이 축복이라면, 깨달음은 어디서 오는 것일까? 깨달음은 만남을 통해서 온다. 보통 만남이 아니라 깊은 만남을 통해서 온다. 우리 인간은 자신을 스스로 발견할 수 없다. 만남을 통해서 자신을 발견한다. 자신의 세계가 열리는 것이다. 자신이 열리기 전까지는 자신의 부족함뿐만 아니라 자신의 가능성도 볼 수 없다. 자신이 열려야 자신을 개발할 수 있다. 영성 생활의 극치는 자아 발견을 뛰어넘어서 그리스도의 은혜 안에서 자기를 개발하는 것이다. 영성 개발이란 예수님 안에서 자신을 개발하는 것이다. 그 과정을 통해서 하나님이 귀히 쓰시는 인물로 만들어져 간다.

자아를 발견할 수 있는 만남의 장소는 어디인가? 광야다. 만남 가운데 가장 소중한 만남은 하나님과의 만남이다. 하나님을 만날 때 비로소 자기 자신과 만나게 된다. 하나님은 그 만남의 장소로 광야를 선택하신다. 광야는 신비로운 장소다. 광야는 삭막하다. 광야는 외롭다. 광야는 황량하다. 광야는 쓸쓸한 곳이다. 그러나 광야는 조용하다. 광야에서 하나님의 음성을 듣게 된다. 자신의 내면의 음성을 듣게 된다.

하나님의 사람들은 광야를 통과했다. 광야에서

> 만남 가운데 가장 소중한 만남은 하나님과의 만남이다. 하나님을 만날 때 비로소 자기 자신과 만나게 된다.

하나님의 음성을 들었다. 광야에서 깨달음을 얻었다. 이미 깨달은 사람은 그 깨달음이 깊어졌다. 광야에서 하나님을 만났고, 자신을 만났다. 광야는 만남의 장소다.

하나님의 사람들은 광야에서 많은 시간을 보냈다. 고요한 광야에서 홀로 있는 시간을 가졌다. 홀로 있음을 통해서 하나님을 만났다. 광야는 고난의 장소를 의미한다. 모든 것이 단절된 경험을 하는 장소가 광야다. 광야는 성령 학교다. 영적인 전쟁터다. 하나님의 사람을 만드는 곳이다. 성품이 개발되는 곳이다. 방법보다는 원리를 배우는 곳이며, 머리보다는 가슴이 발달되는 곳이다. 성공하는 기술보다는 성숙한 인품을 배우는 곳이다.

모세는 40년 동안 광야에 거했다. 여호수아도 모세의 시종으로 40년 동안 광야에 거했다. 요셉은 13년 동안 시련의 광야를 통과했다. 다윗도 기름 부음 받은 날부터 사울의 추적을 받으면서 혹독한 광야 생활을 했다. 아둘람 굴에 은거하면서 고독한 세월을 보냈다. 30세에 왕이 되기까지 광야 생활을 했다. 예수님도 광야에서 40일 동안 금식하면서 마귀에게 시험을 받으셨다. 사도 바울도 예수님을 만난 후에 3년 동안 아라비아 광야에서 준비하는 시간을 보냈다. 세례 요한도 광야 사람이다. 하나님의 사람들은 광야에서 하나님을 만났고, 자신을 발견했다.

하나님께서 하나님의 사람들에게 광야를 통과하게 하시는 이유는 깊은 깨달음을 주시기 위해서다. 자아를 발견하도록 도와주시기 위해 찾아오시는 장소가 광야다. 우리가 너무 분주하면 하나님을 만날 시간이 없다. 자기를 만날 시간이 없다. 자기를 발견하지 못하면 자기를 이해하지 못한다. 자기를 이해하지 못한 사람은 다른 사람을 이해할 수 없다.

인간 이해의 근본은 자신을 이해하는 데 있다. 영적 안내자가 알아야 할 가장 중요한 지식은 인간 이해이다. 인간을 이해한다는 것은 하나님을 이해하는 것이다. 인간은 하나님의 형상으로 지음받았기 때문이다. 인간을 이해한다는 것은 또한 악한 영의 세계를 이해한다는 것이다. 인간이 사탄의 유혹으로 죄를 지었고 타락했기 때문이다.

나는 영적 안내자로서 인간을 이해하는 데 많은 시간을 보냈다. 인간을 이해하기 위해 나 자신을 들여다

보는 시간을 가져 왔다. 내 자신을 이해하면 다른 사람을 이해할 수 있기 때문이다. 어떻게 내 자신을 발견하고 이해할 수 있었는가? 인생의 위기를 통해서이다. 위기를 만나면 자신을 발견하게 된다. 하나님이 고난이라는 도구를 통해서 우리 안에 있는 참된 자아를 발견하게 하신다. 내게 가장 고통스러웠던 때는 영적 침체를 통과할 때였다. 그러나 혹독한 영적 침체를 통과하면서 나의 내면 세계를 깊이 이해하게 되었다. 이전에 알지 못했던 나의 모습을 발견했다. 인간 안에 있는 영과 혼과 육체의 관계를 깨닫게 되었다. 그렇기 때문에 나는 영적 침체를 통과했던 어두운 영혼의 밤들을 감사한다. 깊고 어두운 영혼의 밤에 밝은 빛을 경험했기 때문이다.

하나님께서 우리에게 고통의 광야를 통과하게 하시는 것은 자신뿐만 아니라 인간의 현주소를 알게 하시기 위함이다. 우리 내면에 있는 고통과 아픔을 통해서 다른 사람을 더욱 깊이 이해하고 품을 수 있도록 도와주시는 분이 하나님이시다.

하나님께서는 광야에서 우리를 부르신다. 그리고 하나님의 음성을 들려주신다.

"여호와께서 그를 황무지에서, 짐승의 부르짖는 광야에서 만나시고 호위하시며 보호하시며 자기 눈동자같이 지키셨도다"(신 32:10).

광야란 말의 어원은 '말하다'와 같은 뿌리에서 왔다. 하나님께서는 광야에서 말씀하신다. 하나님께서 쓰신 인물들은 광야에서 하나님의 음성을 들었다. 하나님의 사람들은 예외 없이 광야를 통과했다. 하나님의 사람들은 광야 학교를 입학하고 졸업해야 한다. 광야 학교를 통과하지 않고 하나님께 귀히 쓰임받을 수 없다.

광야는 하나님의 훈련 장소이다. 시험 장소이다. 하나님께서 쓰시기에 합당한 그릇이 되었는지를 검증받는 곳이다. 하나님께 쓰임받으려면 시험을 통과해야 한다. 학교에서도 한 단계 올라서기 위해서는 시험을 통과해야 한다. 하나님의 나라도 마찬가지다. 하나님께 귀히 쓰임받기 위해서는 시험을 통과해야 한다. 금은 풀무불에서 연단을 받는다. 연단을 받아 시험을 통과할 때 정금이 된다. 찌꺼기는 걸러지고, 아름다운 금은 밝히 드러나는 곳이 풀무불이다.

이 땅에 죄 없는 사람은 한 분 있었다. 그러나 고난의 광야를 통과하지 않은 사람은 아무도 없다. 예수님은 죄가 없으셨다. 그러나 고난의 십자가를 통과하셨다. 하나님 자신도 고난을 받으셨다. 인간은 고난을 통해서 자기를 발견하고, 육신의 찌꺼기가 걸러진 쓸 만한 그릇이 된다.

광야를 통과한 사람의 특징은 내면 세계 속에 질서가 있다는 점이다. 내면에 깊이가 있고, 마음 중심에 무게가 있다. 하나님의 부르심을 따라 살며 인간을 깊이 이해하는 사람이 된다. 자기 위치를 알고, 청지기적 정신을 가지고 살아간다. 환경을 초월하고, 존재 자체의 넉넉함으로 자족하게 된다. 광야는 결국 하나님의 사람을 성숙시키는 곳이다.

고난의 광야를 사랑하라. 광야는 열린 장소다. 하나님의 음성이 들리고, 하나님과 교제할 수 있는 장소이다. 광야는 하나님의 사람들에게 영적인 민감성을 개발시켜 주는 곳이다.

영적 안내자에게 중요한 것은 영적인 감각이다. 만나는 사람들의 현주소를 아는 길은 영적인 민감성을 통해서이다. 만나는 사람이 지금 어디에 있고, 어떤 고통을 받고 있고, 어떤 심적인 상처가 있는지를 알아야 한다. 선한 목자처럼 양을 알아야 한다. 양의 눈빛 속에서, 양의 얼굴 표정 속에서 양을 이해해야 한다.

그리스도인이 섬기는 대상은 인간이다. 조직도, 시스템도 아니다. 그것은 하나의 수단에 불과하다. 예수님은 인간을 위해 죽으셨다. 우리가 피 묻은 복음으로 섬겨야 할 대상은 사람이다. 그러므로 우리는 사람을 잘 이해해야 한다. 인간 이해의 근본은 자기 이해에 있다. 사람을 변화시키고 키우는 원동력은 자신을 변화시키고 성장시킨 경험에서 나오는 것이다. 자아 발견을 위한 깨달음은 영성 생활의 핵심이다.

이제 자아 발견을 위해 초청하시는 하나님의 음성을 듣는다. 내면의 깊은 바다 속에서 우리를 부르는 소리를 듣는다.

# 02

# 하나님을 아는 것이
# 자아 발견의 시작이다

하나님의 말씀을 통해 깨닫게 되는 가장 중요한 진리의 물줄기는 하나님을 아는 지식이다. 하나님의 관심은 하나님의 백성이 하나님을 아는 것이다. 하나님은 "나는 인애를 원하고 제사를 원치 아니하며 번제보다 하나님을 아는 것을 원하노라"(호 6:6)고 말씀하신다. 하나님을 아는 것이 왜 중요한가? 인간은 하나님을 만날 때 비로소 자아를 발견하기 때문이다. 하나님을 만날 때 인간은 자신의 참된 모습을 보게 된다. 하나님을 아는 것만큼 인간은 자아를 발견하고, 하나님을 아는 것만큼 변화된다.

하나님을 알지 못할 때 인간은 타락한다. 범죄한다. 호세아 선지자는 하나님을 알지 못하는 인간의 모습을 다음과 같이 기록하고 있다.

"이스라엘 자손들아 여호와의 말씀을 들으라 여호와께서 이 땅 거민과 쟁변하시나니 이 땅에는 진실도 없고 인애도 없고 하나님을 아는 지식도 없고 오직 저주와 사위와 살인과 투절과 간음뿐이요 강포하여 피가 피를 뒤대임이라"(호 4:1-2).

인간의 타락과 죄악된 모습의 한 중심에 하나님을 아는 지식이 없다는 사실을 강조하고 있다.

하나님을 알게 될 때 인간을 알 수가 있다. 어떤 의미에서 신학과 인간학은 하나이다. 하나님은 하나님의 형상을 따라 인간을 만드셨다. 그러므로 하나님을 알면 하나님의 형상을 닮은 인간을 알 수 있다. 우리는 하나님을 통해서 인간을 발견할 수 있기 때문에 먼저 하나님을 아는 지식이 아주 중요하다.

하나님을 알고 하나님을 경험한 사람은 변화된다. 한 인간의 미래는 하나님을 아는 지식만큼 달라진다. 하나님을 아는 지식만큼 그 사고의 영역과 사역의 영역이 확

대된다. 인생의 전환점은 하나님을 만나는 데 있다. 하나님을 체험적으로 아는 데 있다. 하나님의 능력을 체험한 사람들은 하나님이 어떤 분인지를 알고 고백했다. 그리고 놀라운 변화를 체험했다.

영적 성숙은 변화를 통해서 온다. 변화는 하나님을 만날 때 일어난다. 그런 면에서 교육과 훈련도 중요하지만 하나님의 임재를 경험하는 것이 가장 중요하다. 하나님의 임재를 체험하는 것은 예배이다. 그렇기 때문에 교회에서는 하나님께 드리는 예배에 생명을 걸어야 한다. 교회가 존재하는 이유는 하나님을 예배하기 위해서이다. 예배가 살아 있는 교회에 사람들은 모여든다. 그 이유는 하나님의 임재를 체험할 수 있기 때문이다.

하이테크 시대일수록 하이터치를 원한다. 하이터치는 성령의 터치를 의미한다. 우리의 영혼의 깊은 곳을 터치해 주시는 성령의 역사를 의미한다. 하나님의 임재를 경험하면 사람들은 변화하고 헌신하게 된다. 헌신은 강요해서 되지 않는다. 하나님을 만나는 경험이 헌신하게 만드는 것이다.

예수님의 제자들은 3년 동안 예수님을 따라다녔지만

십자가 앞에서 무력했다. 그러나 성령을 체험한 다음에 그들의 인생은 변화되었다. 그들이 받은 교육과 훈련이 빛을 발하기 시작했다. 교육과 훈련은 중요하다. 그러나 성령의 임재가 없는 교육과 훈련은 마치 기름이 없는 자동차와 같다. 자동차는 기름이 있을 때 움직이는 것이다.

깨달음이란 작은 지식들이 하나로 엮어지는 것을 경험하는 것이다. 제자들은 오순절에서 성령을 체험한 다음에 그들이 예수님으로부터 받은 하나님의 말씀들이 이해되고, 해석되고, 연결되는 것을 경험했다. 아리스토텔레스는 "관련을 지어라. 그리하면 기적을 경험할 것이다"라고 말했다. 제자들은 성령 강림을 통해서 그들이 배운 진리를 연결시킬 수 있었고, 예수님의 십자가와 부활과 승천 그리고 성령님의 강림의 의미를 해석할 수 있었다. 그들은 예수님의 증인으로 순교적 헌신을 할 수 있게 된 것이다. 예수님의 제자들은 예수님을 만났을 때 자신을 발견했고, 성령 충만을 받았을 때 예수님을 증거하는 사람들로 변화되었다.

영적 안내자의 역할은 사람들로 하여금 예수님을 직접 만나도록 도와주는 것이다. 사람들을 자신에게 이끄는 것이 아니라 예수님께로 인도하는 것이다. 하나님의 말씀을 통해서 예수 그리스도를 만나도록 도와주는 것이 영적 안내자의 역할이다. 만약에 영적 안내자가 사람들이 예수님을 만나도록 도와주지 못한다면 그는 그의 도움을 받으려고 찾아온 사람들의 영적 성장의 장애물이 된다는 사실을 잊어서는 안 된다.

성 요한은 영적 성장의 장애물을 세 가지로 말한다. 첫째는 자아, 둘째는 사탄, 셋째는 영적 안내자이다. 그는 그중에서도 영적 안내자를 가장 심각한 장애물로 다루고 있다. 영적 안내자가 사람들을 하나님께로 인도하지 않고, 하나님과 사람의 중간에 서서 하나님을 보지 못하게 한다면 그 영적 안내자는 사람들의 성장에 지대한 장애를 가져온다.

탁월한 영적 안내자는 사람들에게 예수님을 보여 주는 사람이다. 예수님을 보도록 안내하는 사람이다. 자신을 쳐다보는 사람들에게 자신은 한 인간에 불과하며, 자신도 그들과 함께 예수님을 바라보는 영적 안내자라는 사실을 말해 주는 사람이다.

가장 미숙한 영적 안내자는 사람들로 하여금 끝없이

자기만을 의지하게 만드는 사람이다. 그리고 그 안에서 안정감을 얻으려는 사람이다. 영적 안내자와 그를 따르는 사람과의 어느 정도의 의존 관계는 필요하다. 그러나 그것이 지나쳐 그리스도를 바라볼 수 없게 만든다면 잘못된 것이다.

가장 바람직한 관계는 그리스도 안에서 상호 의존적인 관계다. 스티븐 코비는 정상적인 관계를 이렇게 말한다. "일단 너무 의존적인 관계로부터 독립하도록 도와주라. 의존적(dependent) 단계에서 독립적(independent) 단계로 도와준 다음에 세 번째 단계를 상호 의존(interdependent), 즉 서로 의지할 수 있도록 도와주라."

영적 안내자로서 나의 가장 큰 유혹은 예수님의 이미지보다 나 자신의 이미지를 더욱 부각시키려는 것이나. 하나님의 말씀보다 더 인기 있는 설교를 하려는 것이다. 사람들로 하여금 예수님을 바라보는 것보다 영적 안내자를 바라보도록 하는 것이다. 예수님의 자리에 영적 안내자가 서 있을 때, 그는 영적 성장의 가장 큰 장애물이 되는 것이다.

영적 안내자의 성경적인 모델은 세례 요한이다. 그는

자신이 그리스도가 아님을 선언했다. 그는 예수님이 오시는 길을 예비했다. 예수님이 역사의 무대에 등장하셨을 때 자신에게 찾아왔던 청중들을 향해 "예수님을 보라"고 외쳤다. 심지어는 자신의 수제자인 요한과 안드레를 예수님께로 보냈다. 세례 요한은 기적을 일으키지 않았다. 그 이유는 사람들의 관심을 예수님께만 이끌기 위한 것이었다. 사도 요한은 세례 요한의 아름다운 모습을 이렇게 증언하고 있다.

"많은 사람이 왔다가 말하되 요한은 아무 표적도 행치 아니하였으나 요한이 이 사람을 가리켜 말한 것은 다 참이라 하더라 그리하여 거기서 많은 사람이 예수를 믿으니라"(요 10:41-42).

사람들이 예수님을 믿은 장소는 세례 요한이 세례를 주던 곳이었다(요 10:40). 세례 요한이 아무 표적도 행하지 않았다는 사실을 힘주어 말하고 있는 것을 보면 그의 관심은 오직 예수님을 사람들에게 드러내는 데 있었다는 것을 알 수 있다. 그는 훌륭한 영적 안내자였다. 그의 관심은 사람들을 예수님께 인도하는 데 있었기 때문이다.

영적 안내자는 성도들로 하여금 하나님을 직접 만나도록 도와주어야 한다. 그럴 때 성도들은 영적 안내자의 순수한 동기와 진실을 보게 된다. 영적 안내자의 진실된 마음을 알게 되면 영적 안내자를 더욱 신뢰하게 된다. 영적 안내자는 먼저 하나님을 만난 경험이 있어야 한다. 그리고 성도들로 하여금 자신이 경험한 하나님을 경험하도록 격려해야 한다. 이것이 영적 안내자의 일이다.

하나님을 안다는 것은 단순한 지식을 의미하는 것이 아니다. 하나님을 경험적으로 아는 것이다. 하나님에 대하여 아는 것이 아니라 하나님을 아는 것이다. 하나님을 믿는 차원에서 하나님을 아는 차원으로 들어가는 것이다. 많은 사람은 하나님을 믿지만 하나님을 알지 못한다. 하나님을 경험적으로 아는 사람은 드물다. 그렇기 때문에 변화와 성숙을 경험하지 못하는 것이다.

하나님을 안다는 것은 머리로 아는 것이 아니다. 가

습으로 아는 것이다. 하나님을 안다는 것은 하나님을 사랑하는 것이다. 사랑은 경험적 지식과 비례한다. 하나님을 알 때 내적인 변화가 일어난다. 내적 혁명이 일어난다. 참된 내적인 변화는 하나님을 만날 때 시작되며 주님을 깊이 알아 갈 때 성장하게 된다. 하나님을 만난 사람이 해야 할 일은 자신을 하나님 앞에 드러내어 노출시키는 것이다. 그때 자신을 더욱 깊이 알게 된다.

폴 투르니에는 「비밀」이라는 책에서 이렇게 말한다. "우리 자신을 알게 되는 가장 좋은 방법은 하나님께서 우리를 살피시도록 우리를 그분께 내어 맡기고 그분이 우리에게 말씀하신 바를 듣는 것이다. 왜냐하면 하나님은 우리가 스스로를 아는 것보다 훨씬 더 우리를 잘 알고 계시기 때문이다."

하나님을 만나서 하나님께 우리 자신을 노출시켜 드리면, 하나님께서는 우리 자신을 발견할 수 있도록 도와주신다. 하나님을 만나는 것이 자아 발견의 시작이다.

하나님을 만나서 하나님을 알고, 하나님과 함께 사랑의 친교 속에 들어가는 것이 영성 생활이다. 영성에 눈을 뜨는 첫 만남이 하나님과의 만남이다. 그래서 성경은 하나님을 아는 것을 강조한다. 영생도 하나님을 아는 것이라고 말한다.

"영생은 곧 유일하신 참 하나님과 그의 보내신 자 예수 그리스도를 아는 것이니이다"(요 17:3).

하나님을 아는 것은 하나님의 성품을 아는 것이다. 하나님이 하신 일과 하실 수 있는 일과 지금도 우리를 위해 하고 계시는 일을 아는 것이다.

# 03

## 하나님을 만날 때
## 자신의 죄악된 모습을 보게 된다

신비주의자인 니느웨의 이삭은 다음과 같이 말한다. "자기 죄를 아는 사람은 죽은 자를 일으키는 사람보다 더 위대하다. 자기 죄를 위해 한 시간을 진실로 울부짖는 사람은 온 세상을 가르치는 사람보다 더 위대하다. 자기 약함을 아는 사람은 천사를 볼 수 있는 자보다 더 위대하다."

공감이 가는 말이다. 자기의 죄, 자기의 약함을 아는 사람은 적다. 인간의 문제는 연약함에 있지 않다. 스스로가 강하다고 생각하는 데 문제가 있다. 그런데 하나님을 만나게 될 때 인간은 자기의 죄악된 모습을 보게 된다.

인간의 변화와 성숙은 자신의 어두운 면모를 발견하는 데서 시작된다. 우리는 자신의 부족을 인정할 때 성장한다. 우리는 거룩하시고 전능하신 하나님 앞에 설 때 우리가 누구인가를 발견하게 된다. 하나님을 만나면 하나님의 거룩한 빛 안에서 우리의 어두운 모습들이 노출되기 시작한다. 그때 우리는 자신의 죄인 됨을 고백하게 된다.

자아를 발견한다는 것은 먼저 자기의 죄악된 면을 발견한다는 것이다. 성경에 나오는 하나님을 만났던 사람들은 한결같이 자신이 죄인이요, 보잘것없는 존재라고 고백했다. 이사야가 하나님을 만났을 때 자신의 부정함을 보고 이렇게 고백한다.

"그때에 내가 말하되 화로다 나여 망하게 되었도다 나는 입술이 부정한 사람이요 입술이 부정한 백성 중에 거하면서 만군의 여호와이신 왕을 뵈었음이로다"(사 6:5).

하나님의 사람들은 자기 자신의 죄성을 철저히 깨달았다. 죄인이라는 깨달음이 없는 사람은 사람들을 쉽게 정죄하고 비판한다. 정죄하고 비판하는 것으로 사람은 변화되지 않는다. 사람은 사랑을 통해서 변화된다. 그러므로 우리가 사람들을 향해서 해야 할 가장 중요한 일은 그들을 이해해 주고 사랑해 주는 것이다.



자신이 죄인됨을 깨달은 사람은 하나님의 용서를 사모하게 된다. 하나님의 은혜를 사모하게 된다. 하나님의 은혜는 용서의 은혜이다. 하나님의 용서를 체험한 사람들은 율법 아래 사는 것이 아니라 은혜 아래 산다. 사람들을 율법적으로 대하는 사람들의 특징은 하나님의 용서하시는 은혜에 대한 확신과 감격이 없는 사람들이다. 용서의 은혜를 체험한 사람은 용서의 사람으로 변화된다.

하나님께서 쓰시는 인물들에게는 공통점이 있다. 먼저 자기 자신이 형편없는 존재라는 사실을 깨달았다는 것이다.

바울은 "미쁘다 모든 사람이 받을 만한 이 말이여 그리스도 예수께서 죄인을 구원하시려고 세상에 임하셨다 하였도다 죄인 중에 내가 괴수니라"(딤전 1:15)고 고백했다. 아브라함은 자신을 티끌이라고 고백했다(창 18:27). 다윗은 "나는 벌레요 사람이 아니라 사람의 훼방 거리요 백성의 조롱거리니이다"(시 22:6)라고 기록했다. 장차 오실 메시아의 모습을 그린 예언의 말씀이었지만 다윗의 자기 고백이기도 했다. 시몬 베드로는 예수님의 말씀에 순종해서 깊은 데로 가서 그물을 내려서 많은 고기를 잡은 다음 예수님 앞에 죄인 됨을 고백했다.

"시몬 베드로가 이를 보고 예수의 무릎 아래 엎드려 가로되 주여 나를 떠나소서 나는 죄인이로소이다"(눅 5:8).

하나님의 은혜를 깨달은 사람들은 자기 자신이 철저하게 죄인 됨을 고백했다. 그들이 다른 사람보다 죄가 많아서라기보다는 죄에 대한 깨달음이 깊었다고 말해야 할 것이다. 바울은 죄가 많은 곳에 은혜가 넘쳤다고 기록했다. 자신이 죄가 많다는 것은 어떻게 알 수 있는가? 깨달음으로 알 수 있다. 똑같은 죄도 그 죄에 대한 깨달음에 따라 그 죄에 대한 크기가 달라진다. 결국은 죄보다는 죄에 대한 깨달음이 더 중요한 문제가 된다. 깨달음이 있을 때 자기 자신의 죄악된 모습을 보게 되고, 작은 죄에도 예민하게 된다.

자기가 정말 죄인이라고 고백했던 사람들은 하나님을 위해 목숨을 바쳤다. 하나님께서 크게 쓰시는 인물의 대부분은 사실 죄인이었다. 모세는 살인자였다. 다윗은 간음자였다. 바울도 살인자였다. 사실 그들은 자기 자신의 죄에 대한 깨달음이 있었다. 그리고 진정한 의미에서 하나님의 은혜를 깨닫고 하나님의 복음을 깨달았다.

영성에 깊이 들어간다는 것은 자기 자신의 죄된 모습을 철저하게 깨닫고 인정하는 것이다. 바로 거기서 피 묻은 복음에 대한 감격과 십자가의 사랑에 대해 눈물을 흘리게 된다. 그리고 죽도록 충성하는 헌신을 하게 되는 것이다.

# 04

## 자아 발견이란 자신의 내면에 존재하는 그늘진 부분을 발견하는 것이다

인간의 내면은 우주와 같다. 사실 인간의 내면을 이해하면 우주를 이해하는 것과 같다. 당신의 내면으로 들어가 보라. 당신의 내면이 얼마나 크고 넓은가를 발견하게 될 것이다. 문을 열고 들어가 보지 않아서 모른다. 당신 안에 닫혀 있는 어두운 문들을 하나씩 열어 보라. 정말로 크디 큰 우주를 만나게 된다. 인간의 내면 세계만 탐구해도 끝이 없다.

인간의 마음에는 두 가지 양면이 있다. 긍정적인 면과 부정적인 면이다. 잠언 4장 23절은 인간의 마음에서 생명의 근원이 나온다고 말한다. 그러나 예레미야 선지자는 "만물보다 거짓되고 심히 부패한 것은 마음이라"
(렘 17:9)고 말한다. 인간의 마음에는 극단적인 양면이 있
는 것이다.

인간의 내면을 들여다보면 얼마나 추하고 더러운 것
이 많은지 모른다. 예수님은 "입에서 나오는 것들은 마
음에서 나오나니 이것이야말로 사람을 더럽게 하느니라
마음에서 나오는 것은 악한 생각과 살인과 간음과 음란
과 도적질과 거짓 증거와 훼방이니"(마 15:18-19)라고 말
씀하셨다. 사도 바울은 인간의 죄악을 고발할 때 입으로
짓는 죄를 강조하여 말하고 있다.

"저희 목구멍은 열린 무덤이요 그 혀로는 속임을 베
풀며 그 입술에는 독사의 독이 있고 그 입에는 저주와
악독이 가득하고"(롬 3:13-14).

그렇지만 입술에서 나오는 악독의 뿌리는 예수님이
말씀하신 것처럼 마음에 있는 것이다.

인간에게는 이런 어둡고 그늘진 부분들이 누구에게
나 있다. 입술에는 독사의 독이 가득하다. 아픔이 많고
상처가 많은 사람일수록 독이 많다. 상처가 오래되어 썩
으면 나오는 것이 독이다. 그래서 입을 벌리면 독이 나

온다. 입에서 나온 독이 사람들을 공격한다. 우리 자신의 내면이 충분히 치유되지 않으면 우리에게서 나오는 말이나 행동이 사람을 죽일 수 있다는 사실을 망각해서는 안 된다.

우리가 우리 안에 있는 이 어두운 부분들을 솔직히 인정해야 한다. 어둡고 그늘진 부분 때문에 고통하고 분노하고 절망해야 한다. 철저한 절망이 있을 때 우리는 해결책을 모색하게 된다. 자신이 변화되어야 한다고 절규하게 된다. 우리는 다른 사람의 변화를 원하지만 사실 가장 변화되어야 할 대상은 우리 자신이다. 파스칼은 "하나님을 알면서도 자기 자신의 비참함을 모르는 사람은 교만해진다. 자기의 비참함은 알면서도 하나님을 모르는 사람은 절망에 빠지게 된다. 성육신은 인간에게 얼마나 심각한 처방이 필요했는지를 보여 줌으로써 인간이 얼마나 비참한가를 보여 준다"고 말했다.

영성을 추구하는 사람들의 가장 큰 싸움은 내면의 싸움이다. 자기와의 싸움이다. 고든 맥도날드의 말처럼 인간의 가장 치열한 전쟁터는 우리의 내면이다. 우리의 내면이 가장 무서운 전쟁터이다. 하나님의 사람들은 자신의 내면에 있는 어두운 세계를 철저히 탐구했다. 하나님을 만나게 되면 성령의 불빛 아래서 우리 안에 있는 어두운 부분들이 점점 드러나기 시작한다. 그늘지고 악한 부분이 드러난다. 내면 안에 있는 자신을 발견하면 철저한 절망을 경험한다. 철저한 절망을 경험한 후에 하나님을 진정으로 갈망하게 된다. 바울은 자신의 내면의 싸움을 솔직하게 묘사한다. 바울만큼 철저하게 절망한 사람도 없을 것이다.

바울은 "내 속 곧 내 육신에 선한 것이 거하지 아니하는 줄을 아노니 원함은 내게 있으나 선을 행하는 것은 없노라 내가 원하는 바 선은 하지 아니하고 도리어 원치 아니하는 바 악은 행하도다 만일 내가 원치 아니하는 그것을 하면 이를 행하는 자가 내가 아니요 내 속에 거하는 죄니라"(롬 7:18-20)고 절망한다.

바울이 경험한 자기 안에 있는 악은 무엇인가? 바울은 그것을 육체의 일이라고 말했다.

"육체의 일은 현저하니 곧 음행과 더러운 것과 호색과 우상 숭배와 술수와 원수를 맺는 것과 분쟁과 시기와 분냄과 당 짓는 것과 분리함과 이단과 투기와 술 취함과 방탕함과 또 그와 같은 것들이라 전에 너희에게 경계한 것같이 경계하노니 이런 일을 하는 자들은 하나님의 나라를 유업으로 받지 못할 것이요”(갈 5:19-21).

육체의 일은 믿지 않는 사람뿐만 이니라 그리스두인 안에도 여전히 존재하고 있다. 비록 육체의 일을 따라 살지 않고, 성령을 좇아 살기로 결심한 우리에게도 육체의 일이 우리를 계속해서 괴롭히고 있다. 바울은 그 고통을 극심하게 경험했던 사람이다. 그는 로마서에서 “오호라 나는 곤고한 사람이로다 이 사망의 몸에서 누가 나를 건져내랴”(롬 7:24)고 절규하고 있다. 애미 윌슨 칼마이클(Amy Wilson Carmichael)의 고백을 들어 보자.

하나님, 내 자아와 싸우는 데 나를 강하게 하소서
나는 애처로운 목소리를 가진 겁쟁이
편안함과 안식과 기쁨을 갈망하는 자니이다
내 자아는 나 자신에게 가장 큰 반역자
나의 가장 속 빈 친구
나의 가장 무서운 적
내가 가는 모든 길을 가로막는 나의 장애물

하나님의 사람은 자신 안에 있는 그늘진 부분을 통해서 인간을 이해해야 한다. 인간에 대한 처절한 절망 속에서 하나님의 사람들은 만들어진다. 아무도 우리 앞길을 막지 않는다. 다만 우리 스스로가 우리 앞길을 막고 있는 것이다. 이런 자신의 절망적인 모습을 보면서 인간을 이해하게 된다.

일단은 철저하게 절망하는 모습들을 가지고 하나님 앞에서 생각해 보는 것이 중요하다. 그래서 자기 자신과 한 번은 싸워야 된다. 우리 자신의 내면 안에 있는 어둡고 그늘진 부분들을 보면서 가장 정복해야 될 대상이 내 안에 있다는 사실을 아는 것이 필요하다. 사실 바울의 고민은 우리의 고민이다. 예수 믿는 우리에게도 같은 고민과 갈등이 있다.

과연 이런 갈등을 그리스도인도 경험해야 하는가? 중요한 사실은 이런 갈등을 하고 있다면 그는 성령의 사람이라는 것이다. 성령님께서 우리 안에 말씀으로 역사하지 않는다면 이런 갈등은 없을 것이다. 성령님이 우리 안에 거하시고, 예수 그리스도의 생명이 우리 안에 있기 때문에 바울이 고백했던 것과 같은 고민을 하는 것이다. 갈등이 있다는 것은 살아 있다는 것이다. 영과 육이, 새 사람과 옛사람이 싸우고 있다는 증거다. 갈등은 편안을 깨뜨리고 평강에 이르도록 도와준다.

영적 안내자의 중요한 자격 가운데 하나는 진실함이다. 자신의 내면의 모습과 갈등을 자신이 인도하는 사람들과 함께 나눌 수 있는 진실함이다. 솔직함과 투명함은 영적 안내자의 가장 중요한 자질인 것이다. 영적 안내자는 승리의 경험뿐만 아니라 실패의 경험도 나눌 수 있어야 한다. 그리고 그 실패를 어떻게 극복했는지 나눌 수 있어야 한다.

영적 안내자는 아무 문제도 없는 사람이 아니다. 모든 것을 초월한 사람도 아니다. 영적 안내자에게도 갈등과 상처가 있다. 다만 그 상처를 안은 채로 다른 사람을 치료하는 '상처 입은 치유자'이다. 이런 사람이 진정한 의미에서 성경이 말하고 있는 영적 안내자의 삶을 살고 있는 것이다.

만약 우리 안에 갈등이 없다면 어떤 면에서 하나님의 사람이 아닐 수도 있다. 왜냐하면 우리의 내면에 성령께서 계시지 않다는 증거일 수도 있기 때문이다. 사도 바울이 가졌던 갈등도 예수 믿기 전의 고백이 아니다. 그가 예수 믿고 성령 충만 했을 때 받았던 고통의 고백인 것이다.

# 05

## 자아 발견이란 자신 안에 있는 인간의 연약한 모습을 솔직하게 인정하는 것이다

우리의 연약함을 솔직하게 드러내는 것은 어려운 일이다. 누구나 사람들 앞에서 멋있게 보이길 원한다. 그러나 우리 자신의 연약함을 드러내든지 드러내지 않든지 상관없이 우리 안에는 연약한 부분이 있다. 우리는 이 사실을 인정해야 한다. 이 사실을 인정할 때 우리가 섬기는 사람들과 훨씬 더 깊은 공감대를 형성할 수 있다. 우리의 문제는 우리가 쓴 많은 가면에 있다. 우리는 완벽이라는 가면을 쓰고 산다. 그러나 우리에게 요구되는 것은 진실함이다.

인간은 완벽하지 않다. 탁월한 하나님의 사람들은 완

벽한 사람들이 아니다. 결코 완벽할 수 없다. 그러나 탁월한 하나님의 사람들에게서 배울 수 있는 것은 솔직함이다. 인간의 연약함을 솔직히 인정하고 고백하는 사람들이다.

영적 안내자들이 일반 성도들보다 영적 침체를 더 많이 경험하는 것을 본다. 자기 내면의 갈등과 고통을 인정하려고 하지 않기 때문이다. 목회자들이 일반 성도들보다 훨씬 영적 침체를 많이 경험한다. 때로는 심한 공허감이나 좌절감, 열등의식도 경험한다. 한국 교회의 93퍼센트가 교인 300명 이하의 교회라고 한다. 한국 교회의 80퍼센트가 200명 이하의 교회다. 그 80퍼센트 가운데 80퍼센트가 100명 이하의 교회다(1990년).사명 때문에 어려운 농어촌 교회에서 일평생을 사역하시는 훌륭한 분도 계시지만, 일반적으로 목회자들의 경우는 고통과 열등의식 속에서 목회하고 있다고 해도 과언이 아니다.

나는 교회를 개척한 후에 많은 어려움을 겪었다. 많이 울기도 했다. 죽고 싶었다. 다 그만두고 떠나고 싶었다. 가장 무서운 것은 포기하고 싶은 마음이었다. 그런 고민과 아픔이 내게만 있다고 생각했을 때 문제는 더 심각해졌다. 그런 과정에서 하나님이 쓰신 인물들의 전기를 읽게 되었다. 그리고 그들 중에 대부분이 어려움과 침체의 늪을 통과했다는 것을 깨달았다. 그때 많은 위로를 받았고 다시 용기를 내서 시작할 수 있었다.

우리가 경험하는 영적 침체나 공허감이나 허탈감은 인간의 실존을 그대로 이해하지 않고, 받아들이려고 하지 않기 때문에 생긴다. 문제에 직면하려고 하지 않기 때문에 나중에는 걷잡을 수 없는 침체의 늪에 빠지게 된다. 인간적인 연약함이나 열등의식은 나에게 뿐만 아니라 다른 사람에게도 있다. 인간은 모두 연약한 존재이다. 이 사실을 알기만 해도 치유가 시작된다. 내게만 문제가 있다고 생각하기 때문에 문제는 커진다. 연약한 부분을 솔직하게 드러내는 것이 중요하다.

감정을 표현하면 사람들에게 감동을 준다. 감정을 표현하지 않으면 침체에 빠지게 된다. 자신의 연약함을 솔직히 인정할 때 새로운 차원의 영적인 세계로 들어가게 된다. 이런 나약함들을 솔직하게 표현하고, 다른 사람들도 똑같이 이런 고민이 있다는 사실을 알기만 해도 내면의 치유가 훨씬 쉬워진다. 표현(expression)하지 않으면 침체(depression)에 빠지게 된다. 인간의 내면 안에 있는 연약한 모습들을 솔직하게 고백할 수 있는 멘토나 소그룹을 가진 사람은 행복한 사람이다.

나는 바울을 참 좋아한다. 그 이유는 바울에게는 자기의 연약함을 솔직하게 표현하는 진솔함이 있기 때문이다. 그는 자신의 인간적인 면을 솔직하게 고백할 줄 알았다. 바울의 그런 고백이 없었다면 우리는 너무나 많이 좌절했을 것이다. 치료라는 것은 깨달음에서 온다. 내가 고민하고 있는 문제가 나만의 문제가 아니라 누구에게나 있는 문제라는 사실을 깨달을 때 자유함을 누리게 된다. 치료는 자유함을 경험할 때 오는 것이다.

바울은 "내가 너희 가운데 거할 때에 약하며 두려워하며 심히 떨었노라"(고전 2:3)고 고백한다. 이 고백 속에서 인간의 모습을 본다. 나도 목회 현장에서 이런 경험을 했다. 성령 충만 하고 기도를 많이 하게 되면 교인들이 무섭지 않은데, 기도가 떨어지면 이 사람도 걸리고 저 사람도 걸린다. 그리고 다리가 후들후들 떨린다. 두렵고 떨리는 경험을 했다.

하나님께서는 우리들에게 이런 연약함을 경험하게

하신다. 바울은 자기의 연약함을 통해서 성숙해져 갔다. 그는 고난에 대한 하나님의 뜻을 깨달았다.

"여러 계시를 받은 것이 지극히 크므로 너무 자고하지 않게 하시려고 내 육체에 가시 곧 사단의 사자를 주셨으니 이는 나를 쳐서 너무 자고하지 않게 하려 하심이니라"(고후 12:7).

바울은 해석에 탁월한 사람이다.

바울은 오히려 약한 것을 자랑한다. 고린도후서 12장 10절을 보면 "그러므로 내가 그리스도를 위하여 약한 것들과 능욕과 궁핍과 핍박과 곤란을 기뻐하노니 이는 내가 약할 그때에 곧 강함이니라"고 고백한다. 이것이 바울의 위대함이다. 바울은 자기의 과거의 연약함을 승화시킬 줄 알았고 자기의 연약함이 하나님의 능력임을 알았던 사람이다.

우리가 하나님의 일을 감당하지 못하는 이유는 무엇인가? 우리의 연약함인가? 아니다. 연약함이 문제가 아니다. 힘이 너무 강해서 문제이다. 기도하지 않아도 될 만큼 힘이 강한 것이 문제이다. 남아공의 지도자인 만델라는 "오늘날 지도자의 가장 무서운 것은 힘이 부족해서가 아니라 힘이 너무 많아서 문제다"라고 말했다.

능력을 통해서 인간은 성공할 수 있다. 그러나 연약함을 통해서 열매를 맺는다. 성령의 열매는 우리가 연약함을 인정하고 예수님과 연합해서 예수님의 도움을 받을 때 맺게 된다(요 15:5, 갈 5:22-23).

아브라함은 육신의 힘이 있을 때 이스마엘을 낳았다. 그러나 그가 연약했을 때 하나님을 의지하는 가운데 이삭을 낳았다. 육체의 힘으로 만든 것은 이스마엘이다. 그러나 그가 육체적으로 죽음을 경험하고, 생산할 능력이 없을 때 이삭을 은혜로 받게 된다. 성령의 열매는 무력함을 통해서 맺게 되는 하나님의 은혜이다.

바울은 로마 옥중에서도 참 솔직했다. 영의 아들 디모데에게 편지를 쓰면서 외로움을 고백하고 있다. 생의 마지막에 찾아오는 외로움을 표현할 줄 알았다. 하나님이 곁에 계셨지만 인간의 사랑이 그리워서 영의 아들인 디모데에게 속히 오라고 부탁하고 있다. 로마 옥중에서 영의 아들 디모데에게 보낸 편지를 읽으면서 나는 가슴으로 울었다. 바울의 외로움이 나의 외로움으로 전이되었다. 얼마나 외로웠을까!

로마 옥중에서 바울은 죽음을 앞에 두고 있었다. 성큼 다가오는 겨울을 기다리면서 그는 이렇게 고백한다.

"너는 어서 속히 내게로 오라 데마는 이 세상을 사랑하여 나를 버리고 데살로니가로 갔고 그레스게는 갈라디아로, 디도는 달마디아로 갔고 누가만 나와 함께 있느니라 네가 올 때에 마가를 데리고 오라 저가 나의 일에 유익하니라"(딤후 4:9-11).

바울은 계절을 느끼고 있었다. 차가운 옥중이라는 환경의 영향을 받고 있었다. 그래서 따뜻한 옷을 가져오라고 부탁하고, 고독을 극복하기 위해서 책을 가져오라고 부탁했다. 겨울이 오기 전에 속히 오라고 부탁했다. 바울의 인간적인 모습이다. 얼마나 아름다운 모습인지 모른다. 우리로 하여금 친근함을 느끼게 하는 모습이다.

바울이 에베소를 떠나 예루살렘으로 갈 때에도 사랑하는 형제들과 울며 헤어지는 모습이 나온다.

"이 말을 한 후 무릎을 꿇고 저희 모든 사람과 함께

기도하니 다 크게 울며 바울의 목을 안고 입을 맞추고 다시 그 얼굴을 보지 못하리라 한 말을 인하여 더욱 근심하고 배에까지 그를 전송하니라"(행 20:36-38).

그들은 같이 울었다. 바울은 눈물이 있었던 사람이다.

우리에게 가장 큰 비극은 눈물이 없다는 것이다. 감정의 메마름이다. 씨앗은 습기가 없으면 자라지 못한다. 습기가 눈물이다. 인간의 연약함을 솔직히 고백하라. 그리고 울라. 건강한 사람이란 희로애락에 대해 분명한 사람이다. 기쁠 때 기뻐할 줄 알고, 슬플 때 슬퍼할 줄 알고, 울고 싶을 때 울 수 있고, 화가 나면 화를 표현할 줄 알아야 한다. 어떻게 표현하느냐 하는 것이 중요하지만 어떤 방법으로든지 표현할 수 있어야 한다. 분노를 인정하고 표현하되 분노를 다스릴 줄 아는 사람이 훌륭한 사람이다.

구약에 나오는 요셉은 정말로 감동적인 인물이다. 요셉은 눈물이 있었던 사람이다. 그리고 눈물과 함께 꿈을 성취했던 사람이다. 그는 보디발의 아내의 유혹을 극복했다. 자신을 관리할 줄 알았다. 세상을 정복하기 전에 철저하게 자신을 정복했던 사람이었다. 요셉의 생애를 묵상하면서 요셉이 얼마나 열심히 살았을까를 생각해 보았다. 보디발의 집에서 다른 노예들은 잠을 자고 있을 때에도 요셉은 잠자지 않고 애굽의 문화를 연구하고 애굽의 언어를 공부했을 것이다. 다른 노예들은 불평하고 원망할 때에도 요셉은 모든 것을 배움의 기회로 보고 최선을 다했을 것이다.

어떤 사람이 자기 분야에서 성공하였을 때 그것을 예사로 보지 말라. 비판하지 말라. 성공하는 사람을 비판하면 그들에게서 배울 수가 없고 자기도 성공할 수가 없다. 비판하는 사람을 닮을 수가 없기 때문이다. 어떤 사람이 정상을 정복했다거나 요셉과 같이 노예에서 국무총리가 되었을 때는 정말 피눈물 나는 고통과 노력이 있었다는 것을 기억하라. 그들에게는 배울 것이 있다. 그들의 눈빛을 보라. 눈빛이 반짝반짝한다. 호락호락하지 않다.

요셉은 자신의 꿈을 성취하는 동안에 숱한 고통을 겪었다. 피눈물 나는 노력이 있었다. 그럼에도 불구하고 요셉의 감정은 메마르지 않았다. 마음속에 풍부한 감성을 계속적으로 간직하고 있었다. 요셉이 아우를 인하여 마음이 타는 듯하므로 급히 울 곳을 찾아 안방으로 들어가서 울었다고 성경은 말한다(창 43:30). 그는 정을 억제하지 못하여 여러 번 울었다.

요셉은 인간적인 사람이었다. 강퍅했던 환경에도 흔들리지 않고 그의 마음은 늘 부드럽고 풍성했다. 그는 형제들을 만난 후 대성통곡을 했다.

"요셉이 시종하는 자들 앞에서 그 정을 억제하지 못하여 소리질러 모든 사람을 자기에게서 물러가라 하고 그 형제에게 자기를 알리니 때에 그와 함께 한 자가 없었더라 요셉이 방성대곡하니 애굽 사람에게 들리며 바로의 궁중에 들리더라"(창 45:1-2).

요셉은 정이 많았던 사람이다. 그는 눈물이 있었고, 감성이 풍부했던 사람이다. 그리고 그것을 표현할 줄 알았다. 멋있는 사람이다.

예수님도 자신의 모습을 솔직하게 표현하셨다. 나사로의 죽음 앞에서 눈물을 흘리셨다. "예수께서 눈물을 흘리시더라"(요 11:35)는 짧지만 감동적인 구절이다. 예수님께서 눈물을 흘리셨다. 예수님께서 울었다는 사실이 감격스럽지 않은가? 예수님도 십자가 앞에서 괴로워

하셨다. 자신의 내면의 고통과 고민이 있었다. 제자들이 함께 있어 주길 원하셨고, 십자가의 때가 빨리 지나가길 원하셨다. 마셔야 할 십자가의 고난 앞에 주님은 가슴 아파하셨다. 예수님은 "내 마음이 심히 고민하여 죽게 되었으니 너희는 여기 머물러 나와 함께 깨어 있으라"(마 26:38)고 말씀하셨다. 나는 예수님께서 자기 자신의 내면을 솔직하게 고백하신 것을 너무 감사하게 생각한다. 하나님께서 나의 고통을 아시고, 예수님의 고통 안에서 나의 고통이 해결되도록 인도하셨기 때문이다.

하나님이 귀히 쓰신 인물들은 완벽한 사람들이 아니다. 연약한 사람들이다. 연약함을 하나님께 올려 드렸을 때 그의 연약함이 하나님 앞에 쓰임받는 도구가 되었고, 그 연약함이 하나님의 능력을 드러내는 도구가 되었다. 그래서 허드슨 테일러는 "하나님은 하나님 자신을 의지할 만큼 충분히 연약한 자를 사용하신다"고 고백했다. 건강한 사람은 자신의 연약함을 솔직하게 드러낼 수 있는 사람이다.

하나님의 사람은 감성이 풍부한 사람이다. 그들의 내면에 있는 모든 감정들, 부정적인 감정들까지도 용납하고 인정하는 사람들이 영성에 깊이 들어간 사람들이다. 엘리야도 그랬고, 모세도 그랬다. 영적 침체에 빠졌을 때 자신의 생명을 즉시 거두어 달라고 고백할 정도였다. 스펄전 같은 인물도 영적 침체에 빠졌을 때 자신이 그것을 인정했고, 교인들에게 자신의 감정을 고백했고 기도 부탁을 했다.

인간 내면에 있는 모든 감정을 다 받아들이라. 그리고 그것을 인정하라. 인간이기 때문에 느낄 수 있는 두려움, 미움, 분노, 연약함의 감정들이 우리 안에는 없는가? 그런 감정들을 일단은 그대로 받아들이고 인정하는 것이 필요하다.

# 06

## 자아 발견이란
## 자기 위치를 정확하게 아는 것이다

겸손은 자기 위치를 아는 것이다. 최상의 지혜는 자기 위치를 아는 것이다. 자신이 서야 할 자리를 아는 것이다. 진정으로 자기를 발견한 사람은 자신이 누구인지를 알고, 자기의 위치를 정확하게 안다. 인간은 자기가 서야 할 자리에 설 때 가장 아름답다. 모든 피조물이 자기 위치를 지킬 때 아름답다. 우리는 그것을 겸손이라고 말한다.

부목회자들에게 가장 중요한 것은 자기 위치를 지키는 것이다. 자기 때가 오기 전까지 실력을 감추는 것이 실력이다. 큰 인물이 되려면 지금 섬기고 있는 교회에서 어리석게 승부를 걸지 말라. 좀 더 커져야 한다. 굵어져야 한다. 그리고 자기 위치를 알아야 한다. 실력이란 자기 위치를 알고 자기 위치에 맞는 기능을 잘 발휘할 수 있는 능력이다. 하나님의 사람들은 철저하게 자기 위치를 알고 이해하는 것이 필요하다. 요셉은 자기 때가 오기 전까지 철저하게 실력을 감출 줄 알았다. 그리고 준비했다. 비록 그가 총리가 되었을 때에도 그는 바로 위에 서지 않았다. 2인자로서 세계를 다스리는 지혜가 있었다.

세례 요한의 영성은 탁월했다. 그는 자기 위치를 알았다. 그는 자기가 그리스도가 아니라 그리스도의 길을 예비하는 사람이요, 신랑의 들러리임을 알았다. 그리고 그것으로서 만족할 줄 알았다. 자기를 정확하게 알고 자신을 부인할 줄 아는 것이 세례 요한이 지닌 겸손의 시작이었다. 그는 자신을 "광야에서 외치는 자의 소리로라"(요 1:23)고 고백했다.

세례 요한은 예수님이 역사의 무대에 등장했을 때, 자기 설교를 들으러 왔던 청중을 다 빼앗겼다. 심지어 자기의 제자들까지 예수님께로 갔다. 그때에도 요한은

"만일 하늘에서 주신 바 아니면 사람이 아무것도 받을
수 없느니라"(요 3:27)고 고백할 줄 알았다. 자기 위치를
아는 겸손한 자의 고백이다.

예수님도 자기 위치를 아셨고 그 위치를 철저히 지키
셨다. 무엇을 하시든지 아들로서 하나님 아버지를 높이
셨고, 또한 성령님을 높이셨다. 여기에 예수님의 영성
의 아름다운 향기가 드러난다. 예수님은 자신을 보내신
하나님 아버지의 뜻을 행하려고 힘쓰셨다. 자기의 뜻을
행하려 하지 않고 하나님 아버지께서 맡기신 일을 행하
셨다.

"내가 하늘로서 내려온 것은 내 뜻을 행하려 함이 아
니요 나를 보내신 이의 뜻을 행하려 함이니라 나를 보
내신 이의 뜻은 내게 주신 자 중에 내가 하나도 잃어버
리지 아니하고 마지막 날에 다시 살리는 이것이니라"(요
6:38-39).

예수님은 하나님의 뜻을 행하는 것을 양식으로 삼으
셨다. "나의 양식은 나를 보내신 이의 뜻을 행하며 그의
일을 온전히 이루는 이것이니라"(요 4:34)고 말씀하셨다.

예수님은 고별 기도에서 "아버지께서 내게 하라고 주

신 일을 내가 이루어 아버지를 이 세상에서 영화롭게 하였사오니"(요 17:4)라고 말씀하셨다. 예수님은 아버지의 위치를 아셨고, 자신의 위치를 아셨다. 성령님을 보내실 때도 아버지를 통해서 보내실 것이라고 말씀하셨다.

"볼찌어다 내가 내 아버지의 약속하신 것을 너희에게 보내리니 너희는 위로부터 능력을 입히울 때까지 이 성에 유하라 하시니라"(눅 24:49).

사도 바울도 철저하게 자기의 위치와 한계를 알았다. 자신이 할 수 있는 것과 하나님만이 하실 수 있는 것을 알았다. 바울은 "나는 심었고 아볼로는 물을 주었으되 오직 하나님은 자라나게 하셨나니 그런즉 심는 이나 물 주는 이는 아무것도 아니로되 오직 자라나게 하시는 하나님뿐이니라"(고전 3:6-7)고 말했다. 자기의 위치와 한계를 아는 사람은 겸손하다. 그렇기 때문에 기도하게 된다.

사람을 변화시키고 성장시키는 일은 하나님만이 하신다. 인간 내면의 변화는 철저하게 하나님의 일이다. 외모는 조금만 신경을 써도 고칠 수 있을지 모른다. 그러나 인간 내면의 근본적인 변화는 성령께서 역사하실 때만이 가능하다. 다만 사람들이 할 수 있는 일은 변화할 수 있는 분위기를 만드는 일과 하나님이 하시는 일에 조력자가 되는 것이다. 말씀의 씨를 뿌리고 나서 기도하는 일과 하나님을 전적으로 의지하는 일이다.

그러므로 바울은 자신의 이미지를 부각시키지 않았다. 오직 예수 그리스도의 이미지와 복음의 이미지를 부각시키는 데 최선을 다했다. 바울은 "우리가 우리를 전파하는 것이 아니라 오직 그리스도 예수의 주 되신 것과 또 예수를 위하여 우리가 너희의 종 된 것을 전파함이라"(고후 4:5)고 말한다. 바울은 종 됨, 연약함, 고난 그리고 상처를 나누었다. 그런 면에서 우리는 하나님을 의지하고 우리 자신의 위치를 정확하게 아는 겸손한 자세가 필요하다.

우리는 겸손해야 한다. 하나님 앞에서 겸손해야 한다. 사람들 앞에서 아부하고 굽실거리는 것이 겸손이 아니다. 하나님을 높여 드리고 자기 자신의 위치를 분명히 아는 것이 겸손이다. 또한 진정한 겸손은 자기를 개방하는 것이며 배우려는 열린 마음이다.

겸손은 하나님을 최우선에 두는 것이다. 하나님만이

모든 것을 하실 수 있다는 사실을 인정하는 것이다. 사람들에게 영광을 받게 되는 일이 있을 때에도 최선을 다해 사양하는 태도가 필요하다. 베드로가 고넬료의 가정에 가서 극진한 대접을 받았을 때 했던 고백을 마음에 새겨야 한다. 베드로는 고넬료가 그를 맞이하며 발 앞에 엎드려 절할 때 그를 일으키며 "일어서라 나도 사람이라"(행 10:26)고 말했다.

우리는 하나님 앞에서 청지기로 살아야 한다. 하나님이 우리에게 맡기신 교회는 주님이 피로 사신 주님의 교회이다. 우리에게 맡기신 자녀도 주님의 자녀이다. 기업도 하나님이 우리에게 맡기셨다. 우리가 양육하는 제자들도 우리의 제자가 아니다. 주님의 제자다. 우리는 청지기임을 기억해야 한다.

하나님께서는 세상에서 귀한 것들은 다 우리에게 선물로 주셨다. 예수님도 고귀한 선물이시다. 성령님도 고귀한 선물이시다. 말씀도 고귀한 선물이다. 우리 스스로가 만들어 낸 것은 하나도 없다. 하나님이 우리에게 거저 주신 것이다. 우리는 다만 하나님의 은혜의 통로에 불과하다. 그러므로 하나님의 능하신 손 아래서 겸손해야 한다. 모든 것이 은혜로만 주어진 것임을 거듭 기억해야 한다. 마더 테레사는 "우리는 하나님의 손에 붙잡힌 몽당연필이다"라고 말했다.

모든 귀한 것은 하나님이 은혜로 주신 것이다. 바울은 "그러나 나의 나 된 것은 하나님의 은혜로 된 것이니 내게 주신 그의 은혜가 헛되지 아니하여 내가 모든 사도보다 더 많이 수고하였으나 내가 아니요 오직 나와 함께 하신 하나님의 은혜로라"(고전 15:10)고 고백한다.

자기 위치를 망각한 교만한 자를 하나님께서는 대적하신다. 베드로 사도는 "젊은 자들아 이와 같이 장로들에게 순복하고 다 서로 겸손으로 허리를 동이라 하나님이 교만한 자를 대적하시되 겸손한 자들에게는 은혜를 주시느니라 그러므로 하나님의 능하신 손 아래서 겸손하라 때가 되면 너희를 높이시리라"(벧전 5:5-6)고 권면한다.

자기 위치를 아는 사람들은 하나님의 능하신 손 아래서 항상 겸손하게 엎드렸다. 그리고 하나님께

가장 아름다운 것은 겸손이다. 겸손은 향기다. 겸손은 하나님께만 영광을 돌리는 것이다.

서 자기를 드러낼 때까지 오래 기다렸다. 자기 위치를
망각한 교만한 자는 스스로 물러나든지 다른 사람이 그
를 물리치든지 한다. 교만은 모든 사람을 역겹게 한다.
가장 아름다운 것은 겸손이다. 겸손은 향기다. 겸손은
하나님께만 영광을 돌리는 것이다.

# 07

영성이 깊다는 것은 영적인 시력이
밝아져서 자신의 잘못에 대해
민감한 반응을 보이는 것을 의미한다


영성이 깊은 사람들은 영적인 민감성이 있다. 영성
을 추구하는 것은 거룩함을 추구하는 것이다. 거룩함을
추구하려면 자신의 행동뿐만 아니라 내면의 깊은 동기
까지도 볼 수 있어야 한다. 성경에는 마음이 청결한 자
가 하나님을 본다고 했다(마 5:8). 마음이 청결하면 하나
님을 보게 된다. 영적인 시력이 밝아져서 하나님을 보게
되고 자기 자신도 보게 된다.

또한 사람이 거듭나면 하나님 나라를 볼 수 있다.

"예수께서 대답하여 가라사대 진실로 진실로 네게 이
르노니 사람이 거듭나지 아니하면 하나님의 나라를 볼

수 없느니라"(요 3:3).

하나님의 나라는 분명히 하늘에 있다. 하늘에 하나님이 계시고, 하나님의 보좌가 있다. 그런데 하나님 나라의 지점이 우리 마음 안에 있다.

예수님은 "또 여기 있다 저기 있다고도 못하리니 하나님의 나라는 너희 안에 있느니라"(눅 17:21)고 말씀하셨다. 하나님의 나라가 우리 안에 있다. 예수님 안에서 거듭난 사람의 내면을 들여다보면 하나님의 나라가 보인다. 하나님의 빛이 내면에 비치면 그전에 보이지 않던 것들이 민감하게 보이기 시작한다. 이것이 영적 시각의 전환점이다.

예수님을 믿기 전과 예수님을 믿은 후에 죄를 보는 것이 다르다. 성령 충만을 경험한 다음과 그전에 죄를 보는 것이 다르다. 영성이 깊다는 것은 영적 시각이 밝아져서 자신 안에 있는 작은 죄라도 깨달아 아는 것이다. 그리고 회개하는 것이다. 영적인 시력이 좋다는 것은 깨달음이 깊다는 것이다. 그런데 깨닫는 자는 조심해야 한다. 영적인 시력이 좋아지면 너무 잘 보이기 때문에 문제가 생긴다. 자기 안에 있는 문제뿐만 아니라 다른 사람의 허물에 대해서도 눈이 밝아지게 된다. 그래서 다른 사람을 판단하고 비판하게 된다.

그러므로 예수님이 말씀하신 팔복 가운데서 긍휼히 여기는 자의 복이, 마음이 청결한 사의 복보다 먼저이다. 긍휼히 여기는 자가 마음이 청결한 자가 되면 금상 첨화의 복이 되는 것이다. 긍휼히 여기는 마음을 가진 자는 사람들의 죄악을 보아도 그들을 정죄하기보다는 불쌍히 여겨 기도하게 된다. 영성이 깊어지면 자기 자신을 정확하게 이해하게 되고, 자기 안에 있는 죄를 깊이 깨닫는 것이 가능하게 된다.

인간의 비극은 영적인 시력이 아주 없거나 둔화되어서 죄가 죄인지도 모르는 데 있다. 라인홀드 니버는 "인간이 하나님을 더 이상 알지 못한다는 죄후의 증기는 자기 자신의 죄를 모르고 있다는 것이다"라고 말했다. 자기의 작은 죄까지도 깊이 깨달았다는 것이 자기 자신을 발견한 증거가 된다. 영성이 깊은 사람들은

영성이 깊은 사람들은 자신을 철저하게 낮추는 법을 알았고, 자신이 죄인임을 고백했다. 그것은 죄의 깊이라기보다는 깨달음의 깊이다.

자신을 철저하게 낮추는 법을 알았고, 자신이 죄인임을 고백했다. 그것은 죄의 깊이라기보다는 깨달음의 깊이다. 영적인 시각이 밝아진 이유이다. 아빌라의 데레사는 "나는 가장 약하며 가장 약한 자, 바로 내 자신이 악마의 바다이다"라고 자신의 죄성을 탄식했다.

하나님의 거룩하심 앞에서 자신을 발견한 사람은 작은 소자에게 한 것, 작은 일에 충성하지 못한 것, 작은 물질 앞에 넘어진 것들에 대해 회개한다. 작은 죄도 크게 보아 회개하며, 점점 거룩함을 추구한다. 토마스 아 켐피스는 "영광에 들어가면 갈수록 더욱 더 겸손해진다"라고 말했다. 겸손한 사람은 심령이 가난한 자이다(마 5:3). 겸손한 사람은 자신의 부족함을 느낀다.

빌 하이벨스는 「하나님께 솔직히(*Honest to God*)」라는 책에서 하나님이 그를 다루어 나가시는 과정을 소개하였다. 그는 자기 개인이 보내는 편지와 교회가 보내는 편지에 사용하는 우표 문제로 고민하게 된다. 별생각 없이 자신이 보내는 편지도 교회용 우표를 사용했던 적이 있다. 그러나 하나님은 그 문제를 심각하게 다루셨다. 그리하여 개인적으로 보내는 편지에 교회용이 아닌 자신이 구입한 우표를 사용하는 순종을 하게 된다. 이것이 영성을 추구해 가는 한 사람의 민감성의 모습이다.

고든 맥도날드는 내면 세계를 가꾸는 것을 정원 가꾸는 것으로 묘사한다. 처음에 정원을 가꾸기 위해 큰 돌을 치우고 나니까 그동안 보이지 않던 중간 크기의 돌이 눈에 띄었다. 정원을 가꾸기 위해 점점 땅을 일굴 때는 처음에 보이지 않던 작은 돌이 눈에 띄었다. 우리 마음에 보이는 죄악의 큰 돌이 제거되고 나면 하나님이 이전에 문제 삼으시지 않던 작은 죄들이 떠오르게 된다. 작은 죄까지 제거함으로 점점 정결함에 이르게 된다. 이것이 하나님이 우리를 거룩하게 만들어 가시는 과정이다.

그러나 지나친 예민함과 민감함은 오히려 영적 성장에 방해를 가져올 수 있다. 그리고 작은 의와 작은 행위에 의존하는 율법주의에 빠지게 된다. 케네스 리치는 "자기 성찰은 병적인 자기 반성이나 자기 정죄가 아니라, 정직하고 용감하게 자기 자신을 대면하는 것이며 믿음으로 하나님께 자신을 내어 드리는 것이다"라고 말했다.

자기 성찰에 지나치게 몰두하는 것은 바람직하지 않다. 자기 성찰은 자기를 발견하는 과정에서 추구하는 것이지 좌절하기 위한 것이 아니다. 지나친 자기 성찰을 경계해야 한다. 로웰 에달은 이런 말을 했다. "정기적인 자기 반성은 필요하다. 그러나 영속적인 자기 몰두는 저주와 같은 괴로움이다. 자기 반성은 거울 속에 가끔 자신을 비춰 보는 것이요, 자기 몰두는 자신의 아름다움을 보려고 끊임없이 들여다보는 것이다."

우리는 자기 자신의 행위에서 눈을 떼고 주님께 우리의 눈을 고정해야 한다. 예수님의 피와 예수님의 긍휼과 사랑에 초점을 맞추어야 한다. 그때 자유함을 경험할 수 있다. 사실 우리 자신의 변화는 지나치게 병적인 자기 성찰이 아니라 하나님의 은혜와 사랑 가운데 일어난다. 하나님이 보여 주신 죄악된 것들을 십자가 앞에서 해결하라. 그리고 자유함을 누리라.

성령님께서는 우리의 죄를 깨우쳐 십자가 앞으로 이끌어 가신다. 그리고 우리를 자유케 하신다. 그러나 사탄이 하는 일은 죄책감을 조성하고, 좌절하게 만들고, 십자가에서 멀어지게 한다. 정죄 의식을 집어넣어 앞으로 나아가지 못하게 하고, 과거에 매이게 하고, 하나님의 사랑 앞으로 가까이 가지 못하게 한다.

우리가 바라보아야 할 대상은 예수님이시다. 우리가 닮아 가야 할 대상은 우리 자신이 아니다. 우리의 의를 추구하기보다 예수님의 의를 추구해야 한다. 우리 자신에게서 눈을 떼서 예수님을 바라보아야 힌다. 바울은 "우리가 다 수건을 벗은 얼굴로 거울을 보는 것같이 주의 영광을 보매 저와 같은 형상으로 화하여 영광으로 영광에 이르니 곧 주의 영으로 말미암음이니라"(고후 3:18)고 말한다.

자기 성찰을 통해서 자기를 발견한 후에는 다음 단계로 뛰어 넘어가야 한다. 우리 안에는 어두운 부분만 있는 것이 아니라 놀라운 가능성도 있다. 자기 성찰을 통해서 자기의 죄를 회개한 다음에는 우리 안에 있는 가능성을 발견해서 자기를 개발해야 한다. 사아 발견을 넘어 자기 개발로 향해야 한다.

# 자아 발견을 넘어 자아를 개발하라

영적 성숙은 자아 발견을 통해서 시작된다. 자아 발견은 하나님과의 만남을 통해서 온다. 만남은 깨달음을 준다. 깨달음을 통해서 자아를 발견하고, 자기를 성찰하게 한다. 자아를 발견한다는 것은 자신 안에 있는 어두운 자아와 밝은 자아를 발견하는 것을 의미한다. 성령님 안에서 말씀을 통해 자신을 성찰할 때 우리의 죄를 깨닫게 된다. 그때 우리는 회개함으로 용서함을 얻게 된다. 그러나 성령님이 우리 안에서 밝히시는 것은 우리의 어두운 면만이 아니다. 성령님은 우리 안에 있는 엄청난 가능성을 드러내신다. 잠자고 있는 거인을 발견케 하신다. 신의 성품에 참여한 자의 모습을 드러내신다.

지금까지 우리는 우리 안의 어두운 면, 지극히 인간

적인 면에 대해서 배웠다. 이제 우리가 발견해야 할 자아는 긍정적인 자아이다. 동전의 양면처럼 우리 안에는 두 가지가 함께 들어 있다. 부정적인 자아와 긍정적인 자아이다.

자신에 대한 철저한 절망을 거쳐서 우리는 철저한 희망으로 전진해야 한다. 자기 자신에 대한 절저한 질망을 거치지 않고 무조건적으로 인간 존재의 희망만을 부르짖는 것은 인본주의의 산물이다. 진정한 영성이란 하나님 앞에서 죄인된 모습을 발견하는 것이다. 또한 하나님의 은혜로 용서받은 한 인간 안에 감추어진 무한한 가능성을 발견하는 것이다. 그리고 그리스도 안에서 자아 발견을 넘어서 자기 개발을 시도하는 것이다.

# 2부

# 영성과 자아 개발

우리는 자신 안에 있는 가능성을 보아야 한다.
그리고 하나님이 우리에게 있는 가능성의 씨앗을 통해서
위대한 일을 이루신다는 사실을 절실하게 깨달아야 한다.

# 능동적인 영성으로서의 자아 개발

자아 발견은 자아 개발로 연결된다. 자아 발견은 자신을 진단하는 것이다. 자신 안에 있는 부족한 부분뿐만 아니라 가능성까지 진단하는 것이다. 의사에게 가장 중요한 것은 진단이다. 진단을 잘하면 치료의 전망을 갖게 된다. 문제의 원인을 파악하면 문제 해결은 쉬워진다. 영적 안내자는 어떤 면에서 영적인 의사이다. 의사가 환자를 치료하기 위해서 진단하듯이 영적 안내자는 성도들의 영적인 문제들을 치료해 주기 위해 진단을 잘할 수 있어야 한다.

영적 안내자는 다른 사람을 잘 진단하고 치료하기 위해 탁월한 진단법을 익혀야 한다. 어떻게 그것이 가능한가? 먼저 자기 자신을 진단해 보는 데 그 비결이 있다. 다른 사람을 잘 알기 위해서 자기 자신을 연구해 보는 것이다. 자기 자신을 움직일 수 있는 사람이 다른 사람을 움직일 수 있다. 자신이 원하는 것보다 자신이 마땅히 해야 할 일을 하도록 자신을 설득해 본 경험이 있어야 다른 사람을 설득할 수 있다.

영적 안내자는 사람을 키우는 사람이다. 사람들 안에 있는 가능성을 발굴하고 개발하는 사람이 영적 안내자다. 그런데 사람들을 개발하기 위해서는 먼저 자기 자신을 개발해 본 경험이 필요하다. 자기 자신을 좋은 의미에서 성공시켜 본 경험이 있는 사람이 다른 사람을 성공시킬 수 있다. 모든 출발점을 다른 사람이나 환경에 두지 말고 자기 자신 안에 두고 출발하면 문제는 해결된다.

최근에 내게 가장 큰 충격을 준 한 목회자에 관한 글이 있다. 폴 스티븐스가 쓴 「현대인을 위한 생활 영성」이라는 책에서 심리학자 융과 한 목회자에 대한 이야기를 읽었다. 심리학자 융이 들려주는 이야기에 따르면, 어느 목사가 하루에 열네 시간을 일하면서 정서적으로 곤비한 상태에 시달리고 있었다. 융은 그에게 하루에 여덟 시간만 일하고 저녁 시간에는 서재에서 홀로 시간을 보내라고 조언해 주었다.

목사는 융의 말대로 하루에 여덟 시간만 일하고는 귀가하여 서재로 들어가, 쇼팽의 곡을 연주하거나 헤세의 소설을 읽었다. 다음날에는 토마스 만의 소설을 읽었고, 모차르트의 곡을 연주했다. 사흘째 되던 날 그는 융을 찾아가서 조금도 나아진 것이 없다고 불만을 토로했다. 그의 말을 듣고 융이 대답했다.

"제 말을 잘못 알아들으셨나 봅니다. 헤르만 헤세나 토마스 만, 모차르트나 쇼팽과 시간을 보내라고 한 것이 아니라 당신 자신과 함께 있으라는 말입니다."

"그래요? 그렇지만 그건 정말 최악의 동반자인걸요."

"그렇다면 당신은 바로 그런 당신 자신으로 하루에 열네 시간씩 사람들을 괴롭히고 있잖소."

만약 우리가 스스로를 최악의 동반자로 여긴다면 우리는 말할 수 없이 불행한 사람이다. 뿐만 아니라 주위에 있는 사람들까지 괴롭히고 있는 것이다. 사람들은 자신과 대면하기를 한사코 피한다. 많은 사람이 일이나 오락에 빠지는 것도 자신과의 만남을 도피하기 위한 도피 행각일 수 있다.

다른 사람을 도와주기 위해서 부름 받은 영적 안내자는 먼저 자기 자신을 도와준 적이 있는지 물어보아야 한다. 자기 자신을 발견하고 자기 자신을 개발해 본 경험이 있는지 질문해 보아야 한다. 자아 발견의 가장 중요한 목표는 자기 개발을 위한 것이다. 자기를 발견하는 가장 중요한 이유는 절망하기 위해서가 아니다. 자기 자신을 발견한 다음에 자기를 치유하고 자기 자신을 개발하기 위한 것이다.

환자를 만났을 때는 "병을 치료하지 말고 환자를 치료하라"는 말이 있다. 우리의 문제를 치료하기 전에 먼저 우리 자신을 치료해야 한다. 우리 자신을 정확하게 이해하고 그 문제의 핵심을 파악해야 한다.

위에서 언급했듯이 우리 안에는 두 가지 면이 있다. 하나는 부정적인 어두운 면이고, 또 하나는 긍정적인 면으로 우리 안에 있는 엄청난 가능성이다. 예수 그리스도의 생명을 소유한 우리 안에는 약동하는 엄청난 가능성이 있다. 이 가능성은 하나님의 가능성이다. 우리는 자기 안에 있는 가능성을 발견하고 동시에 개발해야 한다.

예수 그리스도를 믿지 않는 사람들도 자기 자신을 개발하기 위한 여러 가지 연구를 하고 있다. 인간이 가진 두뇌는 창세부터 지금까지 모든 정보를 다 집어넣어도 충분하다고 한다. 인간의 두뇌는 굉장히 탁월하게 만들어졌다. 일반적으로 인간은 자기의 두뇌를 10퍼센트 정도만 쓰고 90퍼센트를 사장시킨다고 말해 왔다. 그러나 두뇌 연구가 활발해진 최근에 와서는 인간이 쓰고 있는 두뇌는 1퍼센트도 안 되고 99퍼센트는 그냥 사장시키고 만다고까지 말한다. 공부를 많이 하니까 머리가 아프다든지, 아니면 성경 암송을 하니까 머리에 쥐가 내린다고 하는데 그것은 말도 안 된다. 인간이 가진 두뇌와 가능성은 우리가 생각하는 것보다 엄청나게 크다.

인간은 자기 자신 안에 있는 가능성을 발견할 때 자신을 개발하기 시작한다. 자신 안에 있는 가능성을 어떻게 발견할 수 있으며 발견한 가능성을 어떻게 개발할 것인지에 대한 질문은 중요하다.

# 01

## 하나님을 만날 때 자신 안에 있는 엄청난 가능성을 발견하게 된다

자기를 발견하는 것은 자기의 어두운 부분을 발견하는 것이라고 앞서 말했다. 그러나 꼭 어두운 부분만 발견하는 것이 아니다. 하나님 안에서 긍정적인 부분이 많이 있다. 사실 자신의 부정적인 면을 발견한다는 것도 놀라운 일이다. 자신을 아는 것은 위대한 일이다. 과연 자신의 모습을 깨닫고 사는 사람이 얼마나 될까 의문스럽다. 자기를 알면 변화와 성숙을 추구하게 된다. 자기 안에 있는 문제를 알면 그 문제의 해결책도 나오게 된다.

하나님은 나보다 내 자신을 더 잘 아신다. 나보다 내 미래를 더 잘 아신다. 나의 체질을 아시고, 나의 가능성을 아신다. 그래서 하나님을 만난 사람들은 자신이 생각하지 못했던 자신의 가능성을 발견하게 되는 축복을 누린다. 하나님은 어두운 부분만 바로잡는 분이 아니시다. 우리의 밝은 부분을 드러내서 그 부분을 부각시키신다. 그리고 그 과정을 통해서 오히려 어두운 부분들을 치료하시고 변화시키신다. 하나님을 만날 때 인생이 변화되고, 자신 안에 있는 가능성을 발견하고 개발하게 된다. 성경에 나오는 예레미야와 베드로도 자아를 발견하고, 개발한 인물들이다.

예레미야는 자신에 대한 비전이 없었다. 하나님을 만날 때까지 그는 자신을 어린아이요, 말할 줄 모르는 사람이라고 생각했다. 자신에 대한 부정적인 이미지를 갖고 있었다.

그러나 그를 향한 하나님의 생각은 달랐다. 하나님은 예레미야를 향한 놀라운 계획을 가지고 계셨다. 하나님은 예레미야에게서 열방의 선지자가 되는 비전을 보셨다. 하나님은 예레미야에게 "내가 너를 복중에 짓기 전에 너를 알았고 네가 태에서 나오기 전에 너를 구별하였고 너를 열방의 선지자로 세웠노라"(렘 1:5)고 말씀하셨다. 열방의 선지자로 세우신다는 하나님의 말씀에 대한 예레미야의 반응을 보라.

"내가 가로되 슬프도소이다 주 여호와여 보소서 나는 아이라 말할 줄을 알지 못하나이다"(렘 1:6).

예레미야의 자아상은 지극히 부정적이었다. 자신을 가리켜서 '어린아이'라고 한다. 그는 열등의식에 사로잡혀 있었다. 하나님은 거듭 그에게 용기와 희망을 불어넣어 주시면서 그의 열등의식을 치료하시는 것을 볼 수 있다. 하나님은 예레미야에게 "너는 아이라 하지 말고 내가 너를 누구에게 보내든지 너는 가며 내가 네게 무엇을 명하든지 너는 말할찌니라"(렘 1:7)고 말씀하신다.

예레미야는 하나님의 말씀 앞에서 변화된다. 자신의 자아상을 버리고 하나님이 세우신 위대한 자아상을 받아들인다. 하나님은 예레미야에게 "보라 내가 오늘날 너를 열방 만국 위에 세우고 너로 뽑으며 파괴하며 파멸하며 넘어뜨리며 건설하며 심게 하였느니라"(렘 1:10)고 말씀하셨다.

사실 예레미야는 열방 만국을 뽑고 파괴하며 파멸하며 넘어뜨리기 전에 자신의 부정적인 자아상과 열등의식을 뽑아 버렸다. 그리고 하나님이 주시는 복된 자아상을 건설하는 일을 했다. 예레미야의 이런 경험에서 고백된 말씀이 예레미야 29장 11절의 말씀이다.

"나 여호와가 말하노라 너희를 향한 나의 생각은 내가 아나니 재앙이 아니라 곧 평안이요 너희 장래에 소망을 주려 하는 생각이라."

베드로는 어부였다. 예수님은 베드로를 처음 만났을 때 베드로 안에 있는 가능성을 보셨다. 예수님은 그에게 흔들리는 갈대라는 뜻을 가진 '시몬'이라는 이름에서, 반석이라는 뜻을 가진 '베드로'로 이름을 바꾸어 주셨다. 요한복음 1장 42절에 보면 "가라사대 네가 요한의 아들 시몬이니 장차 게바라 하리라 하시니라 (게바는 번역하면 베드로라)"고 말씀하신다.

예수님은 베드로 안에 세계 복음화를 감당할 위대한 지도자의 가능성이 있음을 보셨다. 그래서 베드로라는 이름을 지어 주셨다. 예수님이 베드로를 만났을 때 그의 가능성을 보시고 말씀해 주셨다. 한 번 말씀하신 것이 아니라 계속해서 말씀하셨다. 그리고 베드로의 가능성을 개발해 주셨다.

하나님을 만나는 것은 축복이다. 하나님을 만나면 우리 자신 안에 있는 엄청난 가능성을 발견할 수 있다. 사람은 자신 안에 있는 가능성을 발견하게 되면 그것을 개발하고 싶은 열망이 생긴다.

가장 큰 문제는 가능성을 보지 못하는 것이다. 내일에 대한 비전을 보지 못하기 때문에 자신을 개발하고 싶은 열망이 없는 것이다. 그래서 인생을 포기하거나 변화와 성장을 포기해 버린다. 우리는 변화되어야 한다. 변화는 선택의 문제가 아니라 생존의 문제다.

우리는 우리 안에 있는 가능성을 볼 줄 알아야 한다. 가능성을 발견하고 계속해서 자신에게 말해 주어야 한다. 또한 우리의 가능성을 알아 주는 사람들로 하여금, 우리의 가능성을 계속 말해 주도록 하는 것도 지혜다. 우리에 대한 하나님의 생각은 크시다. 하나님의 안목으로 자신을 바라보고 하나님의 생각을 우리의 생각으로 받아들여야 한다.

자신을 바라보는 가장 소중한 안목은 하나님의 안목으로 바라보는 것이다. 하나님이 보시는 나의 가능성을 내 자신도 보는 것이다. 하나님은 스바냐서를 통하여 하나님의 사랑을 드러내신다.

"너의 하나님 여호와가 너의 가운데 계시니 그는 구원을 베푸실 전능자시라 그가 너로 인하여 기쁨을 이기지 못하여 하시며 너를 잠잠히 사랑하시며 너로 인하여 즐거이 부르며 기뻐하시리라 하리라"(습 3:17).



너무나 아름다운 사랑의 언어다.

하나님이 우리에게 주신 가장 중요한 가능성은 하나님 자신이시다. 하나님과 우리가 연합되어 있기 때문에 하나님이 위대하신 것만큼 우리가 위대하게 되는 것이다. 그런데 하나님을 믿는 사람들이 왜 위대한 삶을 살지 못하는가? 그것은 하나님에 대한 지식이 없기 때문이다. 내 안에 계신 하나님이 어떤 분이시며, 무엇을 하실 수 있는 분인지를 알면 불가능이라는 단어는 사전에서 삭제될 것이다. 하나님은 전능하시다.

하나님을 아는 지식은 내가 누구인지를 아는 것보다 중요하다. 내가 믿고 있는 하나님의 크기는 내가 개발할 수 있는 가능성의 크기이다. 나의 가능성은 하나님이 나에게 주신 재능과 은사를 통해서 이해될 수 있다. 하나님이 우리에게 주신 재능과 은사를 얼마만큼 개발할 수 있느냐 하는 것은 우리가 믿는 하나님이 어떤 분인지를 아는 데서 결정된다.

당신이 믿고 있는 하나님은 어떤 분이신가? 그리스도인이면서도 하나님을 작고 무능한 하나님으로 생각하는 사람이 많다. 또한 어떤 성경교사는 성경을 믿으라고 말하면서 본인은 믿지 않는다. 리처드 백스터는 "당신이 늘 말하고 있는 바를 제발 믿으라"고 말한다. 설교자가 자신이 설교하고 있는 하나님을 정말로 믿는다면, 설교자의 인생은 정말로 변화될 것이다. 하나님의 말씀은 믿는 자 속에서 역사한다(살전 2:13). 하나님은 우리 믿음을 따라 역사하신다.

하나님의 큰일을 감당한 사람들은 그들 자신의 크기보다는, 그들 안에 있는 하나님의 크기로 일했다. 하나님의 지식의 크기가 사람의 인생을 결정한다. 여자든 남자든 상관없이 하나님의 지식에 따라 그들의 생애가 결정된다. 우리의 미래는 우리가 믿고 있는 하나님의 크기에 따라 결정되고, 하나님을 신뢰하는 믿음에 따라 결정된다. 다른 사람이 여러 가지로 우리를 도와줄 수 있으나 하나님에 대한 신앙과 꿈의 크기는 우리 스스로가 결정해야 한다. 하나님을 알고 경험하는 사람은 엄청난 가능성을 발견한다. 하나님을 아는 지식만큼 그 생각과 사역의 범위가 커진다. 하나님의 능력을 경험한 사람들은 하나님이 어떤 분인지를 알고 고백했다.

바벨론에 포로로 끌려간 다니엘이 그 당시에 2인자가 될 만큼 탁월한 인물이 된 것은 하나님을 아는 지식 때문이다. 다니엘이 왕의 꿈을 성령의 지혜로 해석한 다음에 하나님을 찬양하는데, 그가 가진 하나님에 대한 생각이 얼마나 큰지를 보라.

"다니엘이 말하여 가로되 영원 무궁히 하나님의 이름을 찬송할 것은 지혜와 권능이 그에게 있음이로다 그는 때와 기한을 변하시며 왕들을 폐하시고 왕들을 세우시며 지혜자에게 지혜를 주시고 지식자에게 총명을 주시는도다 그는 깊고 은밀한 일을 나타내시고 어두운 데 있는 것을 아시며 또 빛이 그와 함께 있도다"(단 2:20-22).

다니엘의 믿음은 컸다. 하나님에 대한 지식이 컸다.

그는 하나님은 왕들을 세우기도 하시고 폐하기도 하신다고 고백했다. 다니엘의 용맹은 하나님을 아는 지식에 있었다. 다니엘은 "오직 자기의 하나님을 아는 백성은 강하여 용맹을 발하리라"(단 11:32)고 외친다.

하나님은 전능하시다. 능치 못한 일이 없으시다. 하나님은 천사를 통해서 아브라함에게 "여호와께 능치 못한 일이 있겠느냐 기한이 이를 때에 내가 네게로 돌아오리니 사라에게 아들이 있으리라"(창 18:14)고 말씀하셨다. 또 예레미야에게 "나는 여호와요 모든 육체의 하나님이라 내게 능치 못한 일이 있겠느냐"(렘 32:27)고 자신을 나타내셨다. 사도 바울도 "내게 능력 주시는 자 안에서 내가 모든 것을 할 수 있느니라"(빌 4:13)고 고백했다.

하나님을 아는 것과 믿는 것은 다르다. 아는 것을 정말로 믿을 때 역사가 일어난다. 믿을 때 하나님을 깊이 경험하게 된다.

# 02

## 하나님을 만날 때 자신만이 가지고 있는 독특한 기질을 발견하게 된다

인간은 서로가 다르다. 다른 것은 틀린 것이 아니다. 다른 것은 다를 뿐이다. 이 진리를 거듭 가슴에 새겨야 한다. 같은 것만 좋아하면 미숙한 사람이다. 다른 것을 인정하고 서로를 보완해 줄 때 성숙함에 이르게 된다. 몸의 각 지체가 다른 것처럼, 인간은 서로 다르다. 자신만이 가지고 있는 독특한 기질이 있다. 그것을 발견해야 한다. 그리고 그것을 중심으로 자신을 발전시켜야 한다.

사람의 크기는 다른 사람을 얼마나 품느냐에 따라서 결정된다. 나와 다른 종류의 사람들도 얼마나 좋아하느냐에 따라서 크기가 결정된다. 하나님께서 귀히 쓰시는 인물들의 품은 컸다. 그들의 가슴은 넓었다. 마치 대지와 같다. 대지는 모든 것을 품는다. 깨끗한 것뿐만 아니라 오물도 품고 모든 것을 다 품는다. 바다를 보라. 바다는 산과 강에서 흘러오는 모든 것을 다 품는다. 성숙하면 자기와 다른 사람들도 인정하고 품지만, 미숙하면 자기와 다른 것을 싫어한다. 내 스타일과 똑같은 사람만 좋아하게 되면 모이는 사람들이 한정되어 있다. 나와 같은 사람들과만 일하면 나의 장점만 보여 줄 뿐이다. 그러나 나와 다른 사람과 더불어 일할 때 나의 단점이 보완되고 성장하게 된다.

하나님은 당신을 아신다. 당신의 체질을 아신다. 하나님은 당신을 더 잘 아신다는 사실을 명심하라. 그래서 하나님을 만나면 자신 안에 있는 기질, 재능, 그리고 은사를 발견하게 된다. 기질과 재능과 은사를 발견하고 그것을 개발하고 적용하는 것은 엄청난 경험이다. 예레미야가 복중에 있을 때 하나님이 그를 아셨던 것처럼, 하나님도 우리가 태중에 있을 때부터 우리를 아셨다. 그리고 우리의 기질을 따라 우리를 사용하신다.

하나님은 우리의 체질을 아신다.

"아비가 자식을 불쌍히 여김 같이 여호와께서 자기를 경외하는 자를 불쌍히 여기시나니 이는 저가 우리의 체질을 아시며 우리가 진토임을 기억하심이로다"(시 103:13-14).

우리도 자신의 체질을 알아야 한다. 그리고 다른 사람의 체질을 알아야 한다. 그때 그들을 바로 섬길 수 있기 때문이다.

예수님은 선한 목자시다. 예수님은 양을 아신다. 예수님은 "나는 선한 목자라 내가 내 양을 알고 양도 나를 아는 것이 아버지께서 나를 아시고 내가 아버지를 아는 것 같으니 나는 양을 위하여 목숨을 버리노라"(요 10:14-15)고 말씀하신다.

예수님께서는 각각 다른 사람을 제자로 부르셨다. 열두 명의 제자들의 기질과 성품이 모두 다르다. 예수님은 제자들의 기질과 성품이 서로 다른 것을 보시고 선택하셨다.

마태복음 4장을 묵상하다가 예수님이 선택한 제자들의 모습이 서로 달랐다는 사실을 깨달았다. 예수님은 제자들을 선택하시기 전에 제자들을 관찰하셨다. 마태복음 4장 18절에 보면 "갈릴리 해변에 다니시다가 두 형제 곧 베드로라 하는 시몬과 그 형제 안드레가 바다에 그물 던지는 것을 보시니 저희는 어부라"고 기록되어 있다. 두 형제는 그물을 던지고 있었다. 마태복음 4장 21절에는 "거기서 더 가시다가 다른 두 형제 곧 세베대의 아들 야고보와 그 형제 요한이 그 부친 세베대와 한가지로 배에서 그물 깁는 것을 보시고 부르시니"라고 했다. 두 형제는 그물을 깁고 있었다. 베드로와 안드레는 그물을 던지고 있었고, 야고보와 요한은 그물을 깁고 있었다.

그물 던지는 베드로와 안드레의 기질은 일을 만들고 일을 터뜨리는 기질이다. 사건을 만들고, 문제 해결책을 지시하고, 사람들을 움직이고, 앞으로 나가는 사명을 가졌다. 지도자적인 사명이요, 전도자적인 사명이다.

반면에 요한과 야고보는 일을 마무리하고 문제를 수습하는 기질이다. 전도자라기보다는 목회자로서의 사명을 가진 사람이다. 야고보는 그물을 깁듯이 순교를 했고, 요한은 제자들 중에서 가장 오래 살면서 목자의 역할을 감당했다. 성경을 기록하고 사람들을 사랑으로 양육했다. 하나님은 사람들의 기질에 따라 사용하신다. 제자들마다 특징이 다르고 기질이 다르다. 주님은 똑같은 기질의 제자들을 선택하시지 않았다. 다른 기질의 제자들을 선택하셔서 아름다운 조화 속에서 주님의 뜻을 이루셨다.

요즈음 한국 교회는 은사 배치 사역이 활발하게 전개되고 있다. 성도들의 기질, 스타일, 열정을 연구해서 자신을 발견하는 일에 힘쓰고 있다. 아주 중요한 사역이라고 생각한다. 우리는 우리 자신의 기질을 알아야 하고, 자신의 은사를 알아야 한다. 그래서 나름대로의 전문 분야가 있어야 하고, 자신만의 독특한 색깔이 있어야 한다. 또한 독창적인 사역을 개발해야 한다.

그런 면에서 자신의 기질을 정확히 아는 것이 필요하다. 사람의 기질은 대체적으로 크게 네 가지로 나눈다. 네 가지 기질로는 다혈질, 담즙질, 점액질, 우울질이 있다. 그렇다고 해서 선을 명확하게 그을 수 있는 것은 아니다. 어떤 사람에게 각 기질들이 조금씩 섞여 복합적인 경향을 띤다. 나는 담즙질이 섞인 우울질에 가깝다.

자기의 기질을 자신이 알고 다른 사람에게도 표현하는 것이 좋다. 그래야 서로를 잘 섬길 수 있다. 나는 같이 일하는 동역자들에게 나의 기질을 정확히 말해 준다. 그리고 내가 어떤 식으로 일을 처리하는지를 가르쳐 준다. 대부분의 경우 너그럽고 쉽게 넘어가지만, 사역만큼은 아주 꼼꼼하고 철저히 처리하려고 노력하는 것이 나의 기질이다. 특히 주보에 성도의 이름이 잘못 나오면 예배를 드리는 사이에라도 주보를 새로 인쇄하도록 할 때도 있다. 이름은 한 사람 한 사람에게 너무나 중요한 역할을 하기 때문이다. 본질적인 면에서 심각하지만 비본질적인 면에 대해서는 별로 심각하게 다루지 않는다.

자신의 기질을 알고 그것을 다른 사람에게 말해 주는 것은 아주 중요하다. 그 이유는 자신이 가진 기질을 존귀히 여기고 자신이 할 수 있는 것에 초점을 맞추도록 하기 위해서이다. 할 수 없는 것에 초점을 맞추지 말고, 할 수 있는 것에 초점을 맞추어야 한다. 남이 가진 것에 지나치게 관심을 갖거나 경쟁하지 말고, 내가 가진 것들을 개발하는 것이 필요하다.

기질은 쉽게 변화되지 않는다. 베드로는 여전히 베드로다. 그리고 요한은 여전히 요한이다. 기질은 변화되지 않지만 자신의 기질 위에 성숙한 인격을 쌓을 때 훌

류한 하나님의 사람이 될
수 있다.

그렇다면 기질은 절대로 변화될 수 없는 것일까? 물론 하나님이 원하시면 가능하다. 하나님께 불가능한 일은 없다. 그러나 대체적으로 하나님은 기질을 변화시키기보다는 오히려 그 기질을 선용하신다. 성령님께서 각각의 기질에 따라 역사할 때 약점은 보완되고, 장점은 오히려 부각되는 것을 체험한다. 또한 성령님 안에서 우리 각자가 예수님의 인격을 형성해 나갈 때에도 우리 기질 속에 주님의 인격이 나타난다. 자신만이 가지고 있는 독특한 색깔이 예수님을 드러내는 일에 아름답게 쓰여질 수 있다.

어떤 사람의 기질을 한 가지로 구분하거나 설명하기는 어렵다. 사람마다 다양한 기질들이 조금씩 섞여 있어 복합적이다. 그럼에도 불구하고 사람마다 두드러진 기질이 있다. 그 기질이 그 사람의 모습을 드러낸다. 하나님은 그 기질을 중심으로 역사하신다.

최근에 창세기를 묵상하면서 아브라함의 기질을 깊

이 생각하는 시간을 가졌다. 하나님은 아브라함을 왜 믿음의 조상으로 선택하셨을까? 그리고 신약 성경을 보면, 거지 나사로가 죽었을 때 아브라함의 품에 안겼다고 했는데 왜 그렇게 묘사했을까? 그것을 아브라함의 기질에 맞추어 생각해 보았다.

아브라함은 품는 사람이다. 선을 긋거나 무엇인가를 성취하는 사람이기보다는 모두를 품는 스타일이다. 아브라함은 사라도 좋고, 하갈도 품었다. 이삭도 품었고, 이스마엘도 품었다. 또 조카 롯도 품었다. 또한 아브라함은 자신이 한 일에 대해서는 끝까지 책임을 지는 사람이다. 조카 롯을 끝까지 책임지고 품는 아브라함을 보면 답답할 정도이다. 적군에게 잡혀가면 자기 목숨도 아끼지 않고 구출해 온다. 소돔과 고모라가 멸망할 때도 하나님 앞에서 눈물의 중보 기도를 드린다. 아브라함은 정말로 큰 사람이다. 때로는 우유부단한 면이 있기도 하지만 그렇기 때문에 모든 사람을 품을 수 있는 것이다. 아브라함은 기질상 점액질에 가깝다.

반면 바울은 성취 지향적인 인물로서 담즙질이다. 과업 지향적인 인물이다. 선이 분명하다. 사람을 사랑하고 아끼는 모습도 보이지만 그 기질상 상처를 주는 한이 있더라도 과업을 성취하는 사람이다. 첫 번째 선교 여행 중에 중도 탈락한 마가 요한을 두 번째 선교 여행 때는 데려가지 않았다. 바울은 마가 요한의 한 번의 실수를 용납해야 하며 거듭 기회를 주자고 하는 바나바와 크게 다투어 나누어지기까지 했다. 바울은 중도 탈락한 사람과 동행하는 것은 과업을 성취하는 데 지장을 준다고 보았기 때문이다. 그는 넓은 품을 갖기보다는 과업을 성취한 인물이었다.

성경은 아브라함의 품을 많이 이야기한다. 아브라함은 품는 사람이다. 그래서 아브라함이 믿음의 조상이 되었다. 아브라함의 품에는 모든 사람이 안겨 있다.

그러나 바울의 품은 성경에 나오지 않는다. 기질이 다르기 때문이다. 바울은 성취 지향적인 사람이지 품는 사람이 아니었다. 그렇다면 바울은 아브라함보다 부족한 것일까? 아니다. 바울의 그런 기질이 없었다면 초대 교회의 세계 복음화는 이루어지지 않았을 것이다. 그의 결단력과 그 추진력, 그리고 그의 열정이 세계 복음화를 가져온 것이다.

　기질은 각자가 다르다. 각자가 다른 기질들이 하나님의 영광을 위해서 아름답게 쓰여진다. 다른 것은 틀린 것이 아니다. 가장 중요한 것은 다른 사람이 되려고 하지 말고, 자신이 되려고 해야 한다는 사실이다. 당신이 가진 기질을 귀하게 여기라. 당신만이 가진 재능을 개발하라. 당신 안에 있는 엄청난 자원을 발견하고 그 자원을 사용하라.

# 03

## 훌륭한 영적 안내자를 통해서
## 자신 안에 있는 가능성을 발견하라

인간은 자기 자신을 다 이해할 수 없는 존재이다. 만약 그럴 수 있다면 그는 전능한 하나님이다. 인간이 자신을 발견할 수 있는 좋은 길은 사람과의 관계를 통해서다. 사람과의 관계를 통해 자신을 발견할 때가 많다. 때로 인간은 누군가에 의해서 발견되지 않을 때, 가능성을 꽃피우지도 못한 채 인생을 마칠 수도 있다.

에리히 프롬은 "대부분의 사람들은 완전히 태어나기 전에 죽는다. 창조란 한 사람이 죽기 전에 탄생되어지는 것을 의미한다"고 말했다. 에리히 프롬의 말처럼 완전히 태어나기 전에 이 세상을 떠나는 사람이 얼마나 많은지 생각해 보라. 우리는 다시 태어나는 경험을 해야 한다.

누군가가 와서 우리를 발견해 줄 때 우리의 인생이 꽃피울 수 있다. 내가 좋아하는 시 중에 김춘수 시인이 쓴 "꽃"이 있다.

내가 그의 이름을 불러 주기 전에는
그는 다만
하나의 몸짓에 지나지 않았다
내가 그의 이름을 불러 주었을 때
그는 나에게로 와서
꽃이 되었다

내가 그의 이름을 불러 준 것처럼
나의 이 빛깔과 향기에 알맞은
누가 나의 이름을 불러다오
그에게로 가서 나도
그의 꽃이 되고 싶다

우리들은 모두

무엇이 되고 싶다

나는 너에게 너는 나에게

잊혀지지 않는 하나의 의미가 되고 싶다

하나의 몸짓에 불과하던 사람이 꽃이 되고 의미가 되는 것은 누군가와의 만남을 통해서이다. 아무나 만나서 되는 것이 아니라 우리의 가능성을 보고, 우리를 믿어 주는 사람을 만나야 한다. 누군가가 우리의 이름을, 우리의 가능성을 말해 주기 전까지 우리는 하나의 몸짓에 불과하다. 그러나 누군가가 우리를 변화될 수 있는 존재로, 이미 변화된 것처럼 불러 줄 때 우리 생애는 놀랍게 달라지기 시작한다.

좋은 만남을 위해 기도하라. 좋은 만남보다 더 큰 축복을 구하지 말라. 모든 것이 만남을 통해서 시작되고, 만남을 통해서 꽃피운다. 좋은 만남에 열려 있으라. 어디를 가든지 좋은 만남을 기대하라. 그리고 갑자기 개입하는 만남에 항상 주의를 기울여야 한다. 왜냐하면 만남을 통해서 우리 자신을 발견할 수 있기 때문이다. 폴 투르니에는 「삶에는 뜻이 있다」라는 책에서 "실제로 사람은 누구도 자기 혼자서는 자기 자신을 이해하지 못한다. 다른 사람과 만남으로써 자신이 누구인지를 알게 된다"고 말했다. 만남을 통해서 자기를 알게 된다는 말이다.

사실 폴 투르니에의 생애도 만남을 통해서 변화되었다. 그는 어린 시절에 부모를 잃고 자폐증을 앓는 어린 아이로 자신을 개방하지 않고 살았다. 그러던 그에게 찾아온 한 선생님은 그의 생애에 전환점을 가져왔다. 그의 생애에 처음으로 자신의 이야기를 진지하게 들어 주는 사람을 만난 것이다. 거기서 자신을 발견하게 되었고, 그 한 번의 만남 때문에 그는 수없이 많은 사람을 도와 줄 수 있는 인격 의학을 창시했다.

헬렌 켈러의 삶을 변화시킨 가장 커다란 만남은 설리번 선생과의 만남이다. 설리번의 헌신적인 사랑으로 헬렌 켈러의 생애가 변화되었다.

그러면 설리번은 어떤 사람인가? 설리번은 한때 정신 질환을 앓았던 사람이다. 그녀는 정신 병원에 입원해 있을 때 자신의 생애를 변화시킨 아름다운 사랑을 체험한다. 철문이 닫혀 있는 그의 방에 나이 든 한 간호사가 계속 찾아왔다. 밥을 주어도 먹지 않던 그녀가 자신을 계속 찾아와서 돌보는 간호사의 사랑에 녹아 난다. 그녀는 그의 사랑으로 치유된다. 그리고 이렇게 결단한다. "앞으로 내 생애 가운데 나처럼 어려운 사람을 만나면 그들을 도와주리라."

그래서 설리번이 찾아간 사람이 헬렌 켈러다. 설리번과 헬렌 켈러의 만남은 역사적인 사건이었다. 마크 트웨인은 19세기에 가장 뛰어났던 인물로 나폴레옹과 헬렌 켈러를 꼽을 정도였다.

그토록 만남은 중요하다. 루스티 베르쿠스는 "인생에는 가끔 신비한 만남이 찾아와서 우리를 인정해 주고 우리가 어떤 사람이 될 수 있는지를 일깨워 준다. 그리하여 우리가 가진 큰 가능성이 비로소 빛을 발하기 시작한다"고 말했다.

나는 내 안에 있는 가능성을 보고 믿어 준 분들 때문에 성장해 왔다. 나의 첫 번째 책인 「묵상과 영적 성숙」은 부족한 사람을 믿어 준 하용조 목사님의 배려로 세상에 태어났다. 말씀 묵상을 하면서 늘 생각하던 언어들이 담긴 소품을 미국 방문 중이던 하 목사님께 보여 드렸을 때, 그 자리에서 두란노서원에 원고를 보내도록 해서 출판해 주셨다. 그만큼 부족한 사람을 믿어 주신 것이다. 그 사건을 통해서 나도 글을 쓸 수 있는 사람이 될 수 있다는 가능성을 갖게 되었다.

「뿌리 깊은 영성」을 쓴 뒤 초고를 하 목사님께 드렸더니, 읽으신 후 "당신은 작가군요"라고 격려해 주셨다. 초라한 나에게 작가라고 격려를 아끼지 않으시고 계속 쓰도록 권면하심으로, 내 안에 감추어진 가능성을 드러내 주신 것이다. '전통을 쇄신하는 독창적 목회 시리즈' 첫 번째로 출판된 「뿌리 깊은 영성으로 세워지는 교회」도 나를 믿어 준 분들의 축복어린 격려 속에 쓰여졌다. 글을 쓸 수 있다고 말해 주었고 믿어 주었기 때문이다.

사람이 인정을 받으면 목숨을 내건다. 그리고 인정받는 사람 앞에서 더 잘해 보려고 최선을 다하게 된다. 우리는 우리에게 의미를 부여해 주고 우리의 가능성을 말해 주는 사람들을 가까이하는 것이 중요하다.

예수님의 제자들은 예수님과의 만남을 통해서 그들 인생이 완전히 바뀌었다. 그들 자신의 가치를 발견했다. 무명의 존재가 유명한 존재가 되었고, 지역적인 인물들이 세계적인 인물들이 되었다. 세상적인 사람들이 영원한 일에 쓰임받는 존재가 되었다. 여호수아는 모세를 만남으로 그의 인생이 바뀌었고, 바울은 바나바를 만남으로, 디모데는 바울을 만남으로 인생의 전환점을 맞이했다.

거듭 강조하지만 만남이 가장 큰 축복이다. 하나님의 기회는 항상 만남을 통해서 주어진다.

우리는 만남을 소중히 여겨야 할 뿐만 아니라 만남을 잘 가꾸어야 한다. 만남을 생산적인 만남으로, 창조적인 만남으로 가꾸어야 한다. 정원사가 없이 정원은 없다. 정원이 아름답기 위해서는 정원사가 있어야 한다. 노력이 필요하다는 말이다. 한 사람과의 만남을 갖고 그 만남을 아름답게 꽃피우는 데는 굉장한 노력이 필요하다. 저절로 되는 정원은 없다. 가만히 두면 잡초만 자랄 뿐이다.

우리에게 찾아온 신비한 만남을 기대하라. 그리고 신비한 만남에 항상 깨어 있으라. 이 만남을 통해서 내가 혹시 변화될지 모른다고 생각하면서 모든 만남을 기회로 여기라. 만남을 소홀히 여기는 사람은 결코 발전할 수 없다. 만남은 기회고, 만남은 축복이다. 그러므로 우리에게 가능성을 말해 주는 사람들을 가까이하고 우리들을 우습게 여기는 사람들을 멀리해야 한다.

마크 트웨인은 이렇게 말했다. "당신의 꿈을 하찮은 것으로 만들려는 사람들을 가까이하지 말라. 소인배들은 언제나 그렇게 한다. 그러나 진정으로 위대한 사람들은 당신 역시 위대해질 수 있음을 느끼게 한다." 당신의 가능성을 높이 평가해 주는 사람을 만나라. 그리고 당신을 우습게 여기는 사람을 멀리하라.

당신은 위대해질 수 있다. 당신 안에 위대한 가능성이 있다. 때로 우리의 마음속에 불이 꺼질 때가 있다. 인생길에 실패와 좌절을 경험할 때가 있다. 모든 가능성이 희미해지고 포기하고 싶을 때가 있다. 그때 우리 곁에서 우리의 가능성을 말해 주고, 우리 마음에 불을 붙여 주는 사람들이 있다. 우리는 그들에게 감사해야 한다.

알버트 슈바이처 박사는 "우리 마음에 불이 꺼질 때가 있다. 그런데 다른 사람의 도움으로 불이 붙을 때가 있다. 이 불을 붙여 준 사람에게 우리는 깊은 감사를 보내야 한다"고 말했다. 슈바이처의 말처럼 이제 우리는 다른 사람의 식은 가슴에 불을 붙여 주는 사람이 되어야 한다.

내 생애에 내가 가장 하고 싶은 중요한 일 중에 하나는 만나는 사람들에게 희망을 주고, 그들의 가능성을 발견하도록 도와주는 일이다. 그들이 더 높은 삶의 차원으로 올라갈 수 있도록 도전하는 일이다. 신비한 만남을 이끄는 인물이 되길 원한다. 사람들의 내면의 불이 식어갈 때 그들의 가슴에 불을 붙여 주는 사람이 되길 원한다.

우리는 모두 서로에게 불을 붙여 주는 사람이 되어야 한다. 어디든지 우리가 서 있는 곳이 귀한 만남을 제공하는 장소가 되어야 한다. 가만히 있어서는 이런 만남은 주어지지 않는다. 때로는 움직여야 한다. 좋은 만남을 사모하라. 좋은 만남을 찾아 나서라. 쉽게 포기하지 말라. 만남이 꽃피우고 열매를 맺기까지 인내를 가지고 가꾸라. 직접 만날 수 없다면 책을 통해서라도 좋은 만남을 갖도록 하라.

# 04

## 자신 안에 있는
## 잠자는 거인을 깨우라

자신의 존재 가치를 발견하는 것은 소중한 일이다.
자신 안에 무엇이 있는지 알면 기적이 일어난다. 우리는
다른 사람이 가진 것에 관심을 갖는 나머지, 자신 안에
있는 것을 과소평가하는 경향이 있다. 이제 우리는 자신
안에 있는 가능성을 보아야 한다. 그리고 하나님이 우리
에게 있는 가능성의 씨앗을 통해서 위대한 일을 이루신
다는 사실을 절실하게 깨달아야 한다. 그래야만 자아 발
견의 단계에서 자아 개발의 단계로 들어갈 수 있다.

당신 자신의 존재 가치를 인정하라. 그런 사람만이 다
른 사람의 존재 가치를 인정한다. 자기를 존경해 본 사

람이 남을 존경할 수 있다.

나는 요즈음 사람들에게 책이나 카드를 전해 줄 때 '존경하는'이라는 말을 붙이기를 주저하지 않는다. 전에는 '존경한다'라는 말을 별로 쓰지 않았다. 존경할 만한 사람이 별로 없다는 교만한 생각을 했다. 그러나 나 자신을 예수 그리스도 안에서 존경하기 시작하면서부터, 다른 사람도 누구나 존경받을 만한 사람이라고 생각하게 되었다. 그리스도 예수 안에서 변화받은 사람들은 누구나 존경받을 만한 가치가 있다.

우리 안에 잠자는 거인이 있다는 사실을 기억하라. 가장 가까운 곳에 가능성이 있다는 사실을 알라. 하나님이 우리 안에 있는 것을 찾고 계신다. 내게 없는 것을 밖에서 찾으려고 노력하기보다는 지금 내 안에 있는 것이 무엇인가를 보라. 내 손에 주어진 것이 무엇인가를 알아야 한다. 하나님이 하시는 일들은 항상 우리가 가진 것들로부터 시작한다.

> 내 손에 주어진 것이 무엇인가를 알아야 한다. 하나님이 하시는 일들은 항상 우리가 가진 것들로부터 시작한다.

하나님이 모세를 만났을 때 사명을 부여하셨다. 모세의 반응은 할 수 없고, 가진 것이 없고, 무능하다는 것이었다. 그때 하나님은 모세에게 "네 손에 있는 것이 무엇이냐"(출 4:2)고 질문하셨다. 모세가 갖고 있던 것은 지팡이뿐이었다. 모세의 손에 있는 지팡이가 나중에는 하나님의 지팡이가 되었다. 출애굽기 4장 20절은 "모세가 그의 아내와 아들들을 나귀에 태우고 애굽으로 돌아가는데 하나님의 지팡이를 손에 잡았더라"라고 기록한다.

우리가 가진 것들을 하나님께 드리면 하나님은 그것을 놀랍게 사용하신다. 오병이어의 기적을 일으키실 때도 예수님께서 제자들에게 "너희가 가진 것을 주라"고 말씀하셨다. 주님은 한 소년이 가져 온 오병이어로 장정만 5천 명이 먹고도 남는 기적을 일으키셨다.

성전 미문에서 구걸하던 앉은뱅이에게 베드로는 "은과 금은 내게 없거니와 내게 있는 것으로 네게 주노니 곧 나사렛 예수의 이름으로 일어나 걸으라"(행 3:6)고 말했다. 베드로에게 은과 금은 없었으나 그가 갖고 있는 것을 주었다. 예수 그리스도의 이름이었다. 예수님 자신을 준 것이다.

당신은 무엇을 갖고 있는가? 사실, 당신은 가장 소중한 것을 갖고 있다. 예수 그리스도의 이름이다. 예수 이름은 능력이 있다. 우리는 예수 이름으로 구원을 받는다(행 4:12). 예수 이름으로 귀신이 떠나간다(막 16:17). 예수 이름으로 병자가 낫는다. 예수 이름으로 기도 응답을 받는다(요 14:13). 예수 이름으로 지혜와 총명의 신이요, 지식과 모략의 신이요, 지식과 여호와를 경외하는 성령께서 우리에게 임하신다(사 11:2). 우리에게는 가장 귀한 예수의 이름이 있다. 다윗이 골리앗을 무너뜨릴 때 만군의 여호와의 이름으로 나아갔다(삼상 17:45). 골리앗을 쓰러뜨린 그 위대한 이름이 우리 안에 있다.

우리가 모시고 있는 예수님의 이름을 소홀히 하거나 성령님의 능력과 지혜를 무시해서는 안 된다. 하나님의 일을 하는 사람들은 예수의 이름을 소중히 여길 줄 알아야 한다. 그리고 자신 안에 위대한 일을 이룰 수 있는 모든 자원이 있다는 사실을 명심해야 한다.

현대인들은 최근에 와서 인간이 가진 가능성을 구체적으로 연구하기 시작했다. 인간의 몸은 33조라고 하는 상상하기도 어려운 많은 세포들에 의해 조직되고 조화

되어 생명을 유지하고 있다. 그중에서도 가장 정밀한 조직은 머릿속에 있는 두뇌의 표면으로서 140억 개의 신경 세포가 생각하는 기능을 발휘한다. 「학문의 즐거움」이라는 책을 쓴 일본의 수학자 히로나카 헤이스케는 다음과 같이 말한다.

"인간의 두뇌에는 140억 개의 뇌 세포가 있다. 그 140억 개의 뇌 세포를 다 쓰려면 234세라는 긴 수명이 필요하다고 한다. 사람은 방대한 수의 뇌 세포를 가지고 있지만 보통 그 10퍼센트, 많아야 20퍼센트 정도밖에 못 쓰고 일생을 마친다. 쓰이지 않은 뇌 세포는 마치 바다 속에 숨어 있어서 사람의 눈에 띄지 않는 빙산과 같다. 즉, 우리는 잠자고 있는 거대한 뇌 세포에 숨어 있는 자기 재능이나 자질을 스스로 알아내지 못하는 것이다. 자기의 재능을 모두 발견하고, 자기라는 인간을 완전히 이해하기에는 우리의 인생은 너무 짧다. 안타까울 따름이다."

가장 중요한 것은 우리 안에 있는 것이 무엇인지를 아는 것이다. 랄프 왈도 에머슨은 "우리 뒤에 무엇이 있느냐 또는 우리 앞에 무엇이 있느냐는, 우리 안에 무엇이 있느냐에 비하면 아주 작은 문제이다"라고 말했다.

인간은 자신 안에 있는 엄청난 보화를 발견할 때 가장 놀란다. 많은 사람은 자신 안에 있는 진면모를 알지 못한 채 죽어 간다. 자신이 도저히 할 수 없다고 생각하던 것을 성취해 냈을 때 자신 안에 있는 진면모에 거듭 놀라게 된다. 지그 지글러가 쓴 「정상에서 만납시다」라는 책은 그리스도인으로서 자아상이 얼마나 중요한지를 잘 묘사하고 있다. 그는 이 책에서 17년 동안 저능아로 살았던 한 천재를 소개한다.

빅터 세리브리아코프라는 15세 때 한 선생님이 "너 같은 저능아는 공부해도 소용없어! 장사나 하는 것이 낫다"라는 말을 듣고 17년 동안 저능아처럼 살았다. 그가 32세가 되었을 때 우연히 자기 IQ가 161이라는 사실을 알게 되었다. 그 후 그는 천재처럼 행동하기 시작했다. 많은 책을 썼고, 특허를 냈고, 기업가가 되었다. 그리고 IQ 148 이상의 사람만이 가입할 수 있는 멘사(Mensa) 클럽의 회장이 되기도 했다. 그에게 나쁜 영향을 끼친 한 선생님 때문에 17년을 허송세월한 것이다. 늦게나마 자신 안에 있는 천재성을 발견해 복된 생애를 살게 된 것은 다행스러운 일이다.

진정한 확신은 내면에서부터 시작된다. 우리 존재 자체의 위대함과 넉넉함은 우리 안에서부터 싹터 오른다. 내면 안에서 끊임없이 올라오는 확신과 가능성들을 발견해야 한다. 제임스 알렌은 "내면은 끊임없이 외부로 나타난다. 사람의 마음가짐에 따라 그 사람의 인생이 결정된다. 사람의 생각은 행동으로 꽃이 피고, 그 행동은 성품과 운명이라는 열매를 맺는다"고 말했다.

내면 안에서 올라오는 확신을 발견하기 위해 우리는 우리의 마음속을 들여다보아야 한다. 조용히 묵상하는 시간을 가져야 한다. 자기를 발견하는 시간을 가져야 한다. 침묵의 시간을 가져야 한다. 영성을 추구하는 방법으로 침묵의 시간을 갖는 이유는 우리 마음을 들여다보는 시간을 갖기 위해서이다. 지속적인 성장을 추구하는 사람들은 정기적으로 묵상의 시간을 갖는 것을 강조한다.

우리가 내면을 들여다보면서 발견해야 할 가장 소중한 가능성은 우리 안에 계신 하나님 자신이다. 그리고 하나님이 우리에게 기대하시는 것이 무엇인지 깨닫는 것이다. 폴 투르니에는 "영적인 명상을 실천함으로 우리는 우리 자신의 마음속을 분명히 들여다볼 수 있을 뿐만 아니라 하나님께서 우리에게 기대하시는 것이 무엇인지 더욱 분명하게 깨달을 수 있다"고 말했다.

하나님 때문에 그리스도인들은 누구보다도 훌륭한 인물이 될 수 있다. 그리스도의 가능성은 그리스도 안에 감추어져 있다. 그리스도 안에는 모든 은혜, 진리, 지혜, 능력, 축복이 담겨져 있다. 예수 그리스도를 믿는 것은 천국 가기 위한 것만이 아니다. 이 땅에 사는 동안에도 풍성한 삶을 누리기 위한 것이다.

예수님 안에 모든 것이 담겨 있다. 예수님을 모신 우리 안에는 예수님이 가지신 모든 것이 담겨 있다. 요한은 "말씀이 육신이 되어 우리 가운데 거하시매 우리가 그의 영광을 보니 아버지의 독생자의 영광이요 은혜와 진리가 충만하더라"(요 1:14)라고 말한다. 그리고 "우리가 다 그의 충만한 데서 받으니 은혜 위에 은혜러라"(요 1:16)고 말한다. 우리 안에 은혜와 진리가 충만하다. 왜냐하면 은혜와 진리가 충만한 예수님이 우리 안에 거하시기 때문이다.

예수님은 하나님의 능력이요, 지혜이다.

"오직 부르심을 입은 자들에게는 유대인이나 헬라인이나 그리스도는 하나님의 능력이요 하나님의 지혜니라"(고전 1:24).

예수 그리스도 안에 모든 지혜와 지식의 보화가 있다. 골로새서 2장 3절을 보면 "그 안에는 지혜와 지식의 모든 보화가 감취어 있느니라"고 기록되어 있다.

얼마나 놀라운 사실인가? 우리 안에 있는 놀라운 가능성과 잠자는 거인을 개발하도록 하나님의 성령께서 적극적으로 우리를 돕고 계신다. 그렇기 때문에 우리도 자신을 개발하는 데 최선을 다해야 한다. 영성을 개발하고 우리 자신 안에 있는 것들을 개발하는 데 계속해서 노력해야 한다.

예수님 안에 있는 귀한 보배들이 우리 안에도 있다. 예수님의 생명을 모신 사람들에게는 무한대의 가능성이 있다. 우리의 비극은 그것을 깨닫지 못함에 있다. 자신이 소유한 것을 깨달아 알고 개발하라. 활용하라. 하나님은 우리가 어린아이의 단계에서 예수님의 장성한 분량에 이르기를 원하신다.

# 05

## 예수 그리스도 안에서
## 자아를 개발하라

자신의 가능성을 발견한 사람은 자신을 개발해야 한다. 하나님을 발견하고, 하나님 안에서 자신을 발견한 사람은 자신을 개발해야 한다. 하나님이 맡기신 사명을 감당하기 위해서 자신을 개발해야 한다. 자신을 개발할 때 자신을 초월할 수 있다. 자신을 초월한다는 것은 다른 사람의 생애에 자신을 투자하는 것이다. 다른 사람을 섬기는 것이다. 그것이 우리가 소원하는 최종의 목표다.

자기를 개발한다는 것은 쉬운 일이 아니다. 훈련과 노력이 필요하다. 심지어는 훈련하는 동안 인간의 한계를 초월해 보는 경험도 해야 한다. 가장 어려운 부분일 것이다. 잠자는 것도 조절해야 하고 자신의 육체를 거슬러야 할 때도 있다. 고통의 강도 건너야 한다. 넓은 길보다는 좁은 길을 가야 한다. 우선순위를 정했으면 육신이 싫어해도 그대로 실천해야 한다.

나는 교회를 개척한 후에 많은 양의 책을 읽었다. 개척하느라고 바쁜데 어떻게 많은 책을 보았느냐고 사람들이 질문한다. 그러면 나는 "심방할 데가 없어 시간이 많으니까 책을 읽었다"고 대답한다. 시간이 많으니까 독서하며 자신을 준비했다. 그러나 그것이 쉽지는 않았다. 오전에 말씀을 묵상하고 독서하기로 우선순위를 결정했다. 그렇게 하는 데는 조급한 잔일과 게으름을 뛰어넘는 노력이 필요했다. 게으른 사람을 향해서 주님께서는 '악하고 게으른 종'이라고 말씀하셨다. 경청해야 할 말씀이다.

자신 안에 있는 가능성을 개발한다는 것은 고통을 선택하는 것이다. 그렇지만 자기 개발의 결과는 지불한 고통의 몇 배 이상으로 받게 되어 있다. 옛말 가운데 "노세 노세 젊어서 노세 늙어지면 못 노나니"라는 말이 있는데, 젊어서 노는 사람들은 나중에 눈물을 많이 흘리게

되어 있다. 자기만 눈물 흘리는 것이 아니라 주위 사람
도 울게 만든다.

자신 안에 있는 가능성을 개발하기 위해 선택하고 결
단하라. 코끼리가 춤을 추고 상어가 춤을 출 수 있다면
인간은 말할 나위가 없다. 자기 개발을 선택하고 결단하
면 하나님이 도와주신다. 환경이 조성되고, 사람들이 나
타난다.

하나님은 지극히 평범한 사람을 쓰신다. 하나님이 사
람을 쓰시는 것은 하나님의 은혜에 속한다. 그럼에도 불
구하고 하나님의 기회와 인간의 준비가 만날 때 형통이
주어진다. 기회가 주어지지 않아서 슬픈 것이 아니다.
오히려 기회가 주어졌을 때 준비되지 않아서 슬픈 것이
다. 하나님은 기회를 주신다. 그러나 준비는 우리가 해
야 된다. 자기를 개발할 것을 선택하라. 그리고 기억하
라. 선택하지 않은 것도 선택이라는 사실을 명심하라.

하나님의 사람은 세 가지 영역에서 자신을 개발해야
한다.

**첫째는 지성을 개발하라.** 이스라엘 백성들이 가장 소
중하게 여긴 것은 지식이다. 지적 능력이다. 지금은 정

보와 지식 시대이다. 지식 자체가 재산이요, 실력인 시대가 되었다. 지식과 정보 시대를 살고 있는 우리들에게 제일 중요한 것은 지성을 개발하는 것이다.

이스라엘 백성들은 하나님의 말씀을 암송하고, 묵상하는 가운데 지각을 개발했다. 지각을 개발하는 데 가장 중요한 것은 질문하는 것이다. 질문은 호기심에서 출발한다. 예수님의 어린 시절 모습을 누가는 다음과 같이 기록하고 있다.

"사흘 후에 성전에서 만난즉 그가 선생들 중에 앉으사 저희에게 듣기도 하시며 묻기도 하시니 듣는 자가 다 그 지혜와 대답을 기이히 여기더라"(눅 2:46-47).

이스라엘 백성들은 자녀들을 생각하는 사람으로 키웠다. 그들은 학습의 중요성을 어렸을 때부터 철저하게 깨달았다. 이스라엘의 선생인 랍비를 소중히 여겼다. 유대인들의 교육의 중심에 질문이 있었고, 호기심은 학습의 근본이었다. 유대인 교육의 탁월성은 호기심을 갖게 하는 것이었다.

알버트 아인슈타인은 어떻게 그렇게 훌륭한 업적을 남길 수 있었느냐는 질문에 다음과 같이 대답했다. "그

것은 내가 다른 사람들보다 많은 능력을 가졌기 때문이 아닙니다. 나는 단지 보통의 사람들보다 더 호기심이 많은 것뿐이지요. 또한 나는 의문에 대해 적합한 답을 찾아내기 전에는 포기하지 않지요. 문제를 해결한다는 것은 내 인생의 가장 큰 만족들 중의 하나이며, 그 만족도는 문제가 어려울수록 더 커지지요.”

시대는 바뀌고 있다. 어느 때보다 지성을 개발해야 할 때이다. 학습하는 기술을 터득하라. 평생 학습자가 돼라. 역사를 움직인 지도자의 공통점은 평생 학습자로 살았다는 것이다.

**둘째로 감성을 개발하라.** 감성을 개발하는 것은 심력을 강화하는 것이다. ‘감성 지수’라는 말을 많이 쓰고 있다. 감성 지수는 단순하게 감정만을 다루는 영역을 의미하는 것이 아니다. 자신의 감정을 객관화하면서 자신의 감정을 다스리는 것을 의미한다. 결국 정신력을 개발하는 것이다. 인내력을 개발하는 것이다. 끈기를 개발하는 것이다. 심력이 강한 사람들이 큰일을 할 수 있다. 때로 육체가 연약해도 정신력이 강한 사람들이 큰일을 감당해 냈다. 정신은 육체를 다스릴 수 있는 힘이 있다. 감성에서부터 모든 것이 나온다.

감성은 사랑하는 마음을 개발하는 것이다. 꿈을 성취하는 동기 가운데 무서운 것은 사랑이다. 자기를 믿어 주는 사람, 자기를 인정해 주는 사람, 자기에게 기대를 가지고 있는 사람에게 보이기 위해 열심히 노력하고 꿈을 성취하는 것을 볼 수 있다. 진정한 성취의 배경에는 사랑이 있다. 사랑의 힘은 죽음보다 강하다. 하나님을 사랑하고, 자기 자신을 진정으로 사랑하는 사람들은 끈기가 있다. 하나님을 사랑하라. 가정을 사랑하라. 하고 있는 일을 사랑하라. 아름다운 우정을 가꾸라. 감성 지수가 높은 사람들은 인간관계에 탁월하다. 다른 사람의 마음을 잘 읽을 수 있기 때문이다. 감성을 개발함으로 탁월함에 이르라.

**셋째로 영성을 개발하라.** 인간의 야망을 정화시켜 주고, 올바른 방향으로 제시해 주는 것이 영성이다. 성공하는 속도보다 방향을 제시해 주고, 방법보다 원리에 관심을 갖도록 도와주는 것이 영성이다. 자신이 가진 꿈에 순수한 동기를 부여하는 것이 영성이다. 그런 면에서 영성은 아주 중요하다.

영성은 두 가지 차원에서 개발해야 한다. 인성과 야성이다. 인성은 인격을 의미한다. 성령님의 역사 가운데 성령의 열매를 풍성하게 맺는 것을 의미한다. 인격은 모든 형통을 담는 그릇이다. 인성은 우리 내면을 가꾸는 것이다. 우리 존재 자체가 넉넉해지는 것이다. 하나님의 관심은 우리 존재에 있다. 거룩한 인격에서 사역이 나오기를 소원하신다.

인성과 함께 필요한 것이 야성이다. 야성은 능력을 의미한다. 인성이 성품과 관련된 것이라면 야성은 사역과 관련되어 있다. 야성은 재능을 활용하고, 은사를 사용하는 것이다. 이성이 예수님께 깊이 뿌리를 내리는 것이라면 야성은 피 묻은 복음을 가지고 열방을 향해 나가는 것이다. 인성은 내면의 변화를 추구하는 것이라면 야성은 내면의 힘을 가지고 세상을 향해 뻗어 나가는 것이다. 복음을 가지고 세상을 향해 뻗어 나가는 것이다. 뻗어 나가는 영성이 야성이다. 야성은 성령의 외적인 역사이다. 불같은 역사이다. 앞으로 나가게 하고, 일을 만들고, 흐름을 만들어 내는 것이다.

그렇다면 어떻게 자신을 개발할 수 있는가? 개인적

으로 내 자신이 경험하고 배운 원리들을 제시하고 싶다. 이것은 내 생애 속에 경험된 진리들이고 지금도 계속해서 실천하고 있는 진리들이다. 자신을 개발하는 원리들은 다음과 같다.

첫째, 거룩한 불만족을 가지라.

만족은 영적 성장에 치명적이다. 사도 바울은 거룩한 불만족을 가지고 끝없이 성장한 하나님의 사람이다. 바울은 "내가 이미 얻었다 함도 아니요 온전히 이루었다 함도 아니라 오직 내가 그리스도 예수께 잡힌 바 된 그것을 잡으려고 좇아가노라 형제들아 나는 아직 내가 잡은 줄로 여기지 아니하고 오직 한 일 즉 뒤에 있는 것은 잊어버리고 앞에 있는 것을 잡으려고 푯대를 향하여 그리스도 예수 안에서 하나님이 위에서 부르신 부름의 상을 위하여 좇아가노라"(빌 3:12-14)고 말했다.

오스왈드 챔버스는 "영적 성장의 치명적인 장애물은 만족이다. 또한 참된 성령 충만의 모습은 끝없는 갈망이다"라고 말했다.

영적 성장은 거룩한 불만족에서 시작한다. 하나님이

쓰신 인물들은 항상 거룩한 불만족 속에서 성장을 추구해 왔다. 자신을 끝없이 성장시켜 나가는 사람들은 거룩한 불만족을 가지고 살아간다.

거룩한 불만족을 가진 사람들의 특징은 겸손이다. 겸손의 가장 중요한 것은 열린 마음이다. 열린 마음이란 배움을 향해 열려 있는 마음이다. 다른 사람에게서 배우는 자세는 자신을 개발하는 중요한 태도이다. 자기의 부족함을 아는 사람은 그 부족함을 채우기 위해 자기를 개발한다.

중요한 것은 태도이다. 자세이다. 가장 중요한 자세는 배우는 자세이다. 배움을 통해서 깨달음에 이르고 배움을 통해서 탁월함에 이르게 된다. 영적 안내자가 학습하지 않으면 탁월함에 이르지 못한다. 경건한 사람은 많다. 기도하는 분도 많다. 그러나 탁월함은 학습을 통해서 이루어진다. 기도를 많이 하면 영력을 얻는다. 인격은 고난을 통해서 성숙한다. 그러나 실력은 배움을 통해서만이 가능하다. 그리고 배움은 스스로가 해야 한다.


둘째, 자신의 현재 모습을 포기하라.

자기 개발은 현재의 모습에 안주하지 않고, 하나님이 예비하신 더 나은 자신을 위해 현재의 모습을 포기할 때 온다. 피카소는 "창조가 있기 전에 파괴가 있어야 한다"고 말했다. 예레미야의 생애의 전환점은 하나님이 그에게 열방의 선지자라는 비전을 주셨을 때, 어린아이라는 자신의 현재 모습을 포기함으로써 시작되었다. 우리가 생각하는 작은 꿈, 부정적인 이미지를 포기할 때 우리는 발전한다.

예수님께서 제자들을 부르셨을 때 제자들은 그들이 가진 것들을 포기했다. 마태복음 4장 19-20절을 보면 "말씀하시되 나를 따라 오너라 내가 너희로 사람을 낚는 어부가 되게 하리라 하시니 저희가 곧 그물을 버려 두고 예수를 좇으니라"고 기록했다. 제자들은 그물을 버렸다. 배를 버렸다. 그러나 사실은 그물과 배를 버린 것이 아니라 자신들의 현재 모습을 버린 것이다. 그들의 작은 꿈, 작은 생각, 작은 세계관을 버린 것이다.

위대한 일을 하기 위해서는 채우기 전에 버려야 한다. 새로운 길을 가기 위해서 먼저 떠나야 한다. 인간은 변화를 싫어한다. 그러나 인간은 변화를 통해서 성장한다. 변화하기 위해서는 미래를 향해 자신을 내어 던지는 모험을 해야 한다. 자신의 현재 모습을 포기하는 결단이 있어야 한다. 변화를 싫어하는 사람은 성장하지 못한다. 변화할 때 찾아오는 고통을 감수하는 사람에게 성장은 찾아온다.

인생의 위기는 항상 변화를 요청한다. 위기가 찾아왔을 때 변화가 시작된다. 우리 인생이 계속해서 평지로 달려가고 있을 때 하나님께서 우리에게 위기를 보내 주신다. 고통을 보내 주신다. 그래서 우리로 변화를 갈망하게 한다. 고통은 교훈을 주고, 고통은 변화를 유발한다. 그러므로 고난이 축복이 되고, 고통이 환희가 되고, 위기가 기회가 되는 것이다. 위기의 축복은 우리 안에 있는 엄청난 가능성을 발견하게 된다는 것이다.

요셉은 보디발의 집에 팔려 가는 위기 속에서 그 자신 안에 있는 놀라운 가능성을 발견했다. 목동에 불과하던 그 안에서 보디발의 가정 총무의 업무를 감당할 수 있는 가능성을 발견했다. 많은 종들을 거느리며 리더십을 발휘했다. 애굽의 국무총리가 될 수 있는 가능성을 그는 위기 중에 발견하고 개발했던 것이다.

더 나은 자신을 위해 현재의 모습을 과감히 버리라. 그리고 더 나은 모습을 기대하라. 분명히 그렇게 될 수 있다. 고기 잡던 어부들이 어부이기를 포기했을 때 사람 낚는 어부가 되었다. 자기 자신을 개발하지 않는 사람들을 볼 때 나는 의분이 난다. 정말로 안타깝다. 그것은 본인의 문제만이 아니라 주위에 있는 사람들에게도 문제가 된다. 어떤 분야에서 일하든지 탁월함을 추구하라. 최선을 다하여 자신의 재능을 개발하라. 형통하라. 진정한 섬김을 위해 형통하라. 하나님이 주신 가능성을 개발하고, 그 가능성을 극대화해서 일하는 사람을 하나님은 기뻐하신다.

셋째, 하나님이 주신 꿈을 강렬하게 소유하라.

인간은 꿈을 가질 때 자신을 개발한다. 하나님은 하나님의 사람에게 먼저 꿈을 주신다. 철저하게 꿈을 심어 주신다. 하나님의 사람들은 하나님이 주신 꿈을 강렬하게 바라보아야 한다. 거듭해서 바라보아야 한다. 꿈꾸는 시간을 가져야 한다. 한 번만 꾸어서는 안 된다. 계속 꾸어야 한다. 그 꿈이 강렬한 소원이 될 때 구체적으로 변화를 위한 계획을 세우게 된다. 중요한 단어가 강렬한 소원이다.

인간이 변화를 추구하는 것은 두 가지 경우이다. 첫째로 고통이 오면 변화하게 되고, 둘째로 소원을 가지면 변화하게 된다. 소원과 꿈을 가지면 환경을 초월한다. 자신의 한계를 초월한다. 자신을 초월할 수 있는 능력은 꿈에서 온다. 꿈은 대단한 힘을 가지고 있다. 자신이 무엇이 되고 싶고, 무엇을 성취하고 싶은 꿈이 있을 때 자기의 힘을 초월하는 힘이 생긴다.

하나님은 꿈을 꾸는 자를 통해서 일하신다. 성령 충만한 사람은 꿈꾸는 사람이다. 꿈이 없다면 성령 충만한 사람이 아니다.

요셉의 생애를 추적해 보면 그를 움직인 원동력은 꿈이다. 그가 애굽의 총리가 되어 형제들을 만나게 되었을 때에도 요셉은 변함 없이 꿈을 생각하고 있었다. 창세기 42장 9절에 보면 "요셉이 그들에게 대하

> 하나님은 꿈꾸는 자를 통해서 일하신다. 성령 충만한 사람은 꿈꾸는 사람이다. 꿈이 없다면 성령 충만한 사람이 아니다.

여 꾼 꿈을 생각하고 그들에게 이르되 너희는 정탐들이라 이 나라의 틈을 엿보려고 왔느니라"고 했다.

하나님은 꿈꾸는 사람과 더불어 일하신다. 하나님이 크게 쓰신 인물들은 대부분이 야심이 대단한 사람이다. 야심이 없는 사람을 하나님은 크게 쓰지 않으셨다. 하나님은 야심 자체를 나쁘게 보지 않으신다. 다만 야심이 무엇을 위한 것이며, 누구를 위한 것인지를 질문하신다. 하나님은 인간의 불순한 야심의 동기를 바꾸어 놓으신 후 사용하신다. 그렇기 때문에 꿈을 가진 사람은 영성 개발에 힘써야 한다. 꿈을 성취하는 동기가 순수하도록 자기를 정화하는 일은 영성 훈련을 통해서 주어진다.

성경에 기록된 쓰임받은 인물들은 대부분이 야심에 찬 사람들이다. 하나님은 그런 사람을 선택해서 사용하신다. 야고보와 요한의 어머니가 예수님께 나와서 부탁한 것이 무엇인가?

"여짜오되 주의 영광 중에서 우리를 하나는 주의 우편에, 하나는 좌편에 앉게 하여 주옵소서"(막 10:37).

예수님은 야고보와 요한의 어머니의 야심을 책망하시지 않았다. 다만 동기를 변화시켜 주셨고, 방향을 바꾸어 주셨다.

거룩한 열망, 거룩한 꿈을 가지고 살아갈 때 자신을 변화시키고 개발하게 된다. 하나님이 주신 꿈을 생각하라. 마음에 정말 소원하는 것이 무엇인지를 생각하는 시간을 가지라. 큰 꿈을 꾸라. 당신의 꿈을 깨우라. 좌절된 꿈을 회복하라. 거룩한 열망과 거룩한 소원과 거룩한 야심은 세계 복음화를 위해 중요하다.


넷째, 내면에서 갈망하는 목표를 글로 기록하라.

탁월한 인물들은 모두가 메모하는 사람이다. 자기를 개발하여 평범한 삶을 탁월한 삶으로 변화시킨 사람들의 특징은 기록을 남긴다는 것이다. 형통하는 사람은 대체적으로 시간을 잘 지키고, 메모하는 습관을 가지며, 자신의 목표를 글로 남긴 사람이다. 구체적인 목표를 설정하고, 그 목표를 항상 보며 생활하는 사람이다. 어떤 분야에서든지 탁월한 사람들은 기록하는 습관을 가진 메모광이다.

당신의 목표를 글로 기록해 보라. 머리로 생각하는 것만 가지고는 안 된다. 목표를 글로 쓰면 자신이 쓴 글에 대해서 책임을 느끼고 그 글에 기록한 대로 살려고 하는 열망이 생긴다.

나는 고등학교 때부터 목표를 설정하고 기도하고, 그 목표를 추구하며 살아왔다. 예수님을 믿은 다음에 처음으로 갖게 된 거룩한 습관이다. 놀라운 사실은 그동안 구체적인 목표를 글로 기록한 것들이 성취되어 가고 있다는 것이다.

꿈을 갖는다는 것은 어렵다. 목표를 글로 기록한다는 것도 어렵다. 중요한 원리일수록 실천하기가 어렵다. 그 이유는 대가를 지불해야 하기 때문이다. 그러나 목표를 성취하기 위한 대가는 목표 없이 살아가다가 맞이하는 실패감과 열등의식에 비하면 아무것도 아니다. 목표를 글로 기록하라.

한 연구에 의하면, 인간의 95퍼센트는 자신의 인생 목표를 전혀 글로 적어 본 적이 없다고 한다. 자신의 목표를 글로 써 본 적이 있는 5퍼센트의 사람들 중 95퍼센트가 자신의 목표를 성취했다. 1953년에 미국 예일 대학에서는 졸업반 학생들에게 인생의 목표를 써서 제출하라고 했다. 그중에 3퍼센트의 학생만이 구체적으로 인생의 목표를 써서 제출했다. 22년 후 1975년에 그들의 업적을 연구한 결과, 인생의 목표를 써 냈던 3퍼센트의 학생들이 성취한 업적이 인생의 목표를 써 내지 않았던 97피센트의 학생들이 성취한 업적을 합친 것보다 더 많았다는 사실이 밝혀졌다.

목표를 세우기 위한 지침이 있다. 목표는 자기중심적이 아니라 타인 중심적이어야 한다. 목표는 가치가 있어야 하며 어디로 가야 하는지 정확한 지도(map)가 필요하다. 목표는 측정이 가능해야 하며 또한 확장할 수 있어야 한다. 목표는 확신으로 가득 차야 한다. 목표를 세울 때는 질문해야 할 것이 몇 가지 있다. 나의 목표는 첫째, 하나님을 영화롭게 하는가? 둘째, 다른 사람들을 섬길 수 있는가? 셋째, 현실성이 있는가? 넷째, 이 목표들을 통해서 나는 그리스도의 주재권에 순종할 수 있는가?

목표를 정하고 글로 기록할 때, 우리 안에서 소원을 두고 행하시는 하나님의 뜻을 성취할 수 있는 터전을 마련하게 된다(빌 2:13, 시 37:4). 중요한 것은 불타는 소원이다. 뜨거운 갈망이다. 이것은 이전에 발견하지 못했던 재능을 발현하고, 없던 재능까지지도 창조되는 것을 경험하게 해준다. 에릭 호퍼는 "사람들은 재능이 기회를 창조한다고 말한다. 그러나 가끔씩은 뜨거운 갈망이 기회뿐 아니라 재능까지도 창조한다"고 말했다. 뜨거운 갈망이 있으면 방법은 생긴다.

다섯째, 꿈을 성취하기 위해 대가를 지불하라.

몽상가와 꿈꾸는 자의 차이는 꿈을 성취하기 위한 대가의 지불 여부에 달려 있다. 꿈을 꾸고 대가를 지불하지 않는 사람은 몽상가이다. 그러나 꿈을 꾸고 대가를 지불하는 사람은 꿈의 성취자이다. 이 세상에서 피와 눈물과 땀 없이 이룩된 업적은 없다. 자신을 개발하는 일은 고통스러운 일이다. 자신의 영성을 개발하는 것도 대가를 지불하지 않으면 안 된다.

훌륭한 인물들은 대가를 지불한 사람들이다. 그들은 대부분이 책을 많이 읽은 독서가들이다. 리처드 포스터가 쓴 「기도」는 기도에 관한 가장 탁월한 책 중 하나이다. 그는 이 책을 쓰기 위해 기도에 관한 좋은 고전을 200권이나 읽었고, 그 책들을 소화한 후에 「기도」라는 책을 썼다고 한다. 지도자들은 독서가들이다. 또한 영성을 추구한 사람들도 대부분이 독서가들이다. 요한 웨슬리는 10,000권의 책을 읽은 다음에 '한 권의 책의 사람'이 되기를 원했다. 만 권의 책을 읽기 전까지는 한 권의 책의 사람이 되겠다고 말하지 마라. 요한 웨슬리와 같은 대가를 지불할 줄 알아야 한다.

꿈을 가졌으면 대가를 지불해야 하는데, 대가를 지불하는 차원은 다양하다. 꿈을 성취하기 위해서 어떻게 대가를 지불해야 하는지 내 자신이 경험한 것들을 나누고 싶다.

첫째는 지식과 정보를 수집하라. 당신이 이루고 싶은 것과 되기 원하는 것들의 지식과 정보를 수집하라. 현대는 지식과 정보의 시대이다. 아니 지식과 정보의 포화상태라고 해도 과언이 아니나. 이제는 지식과 정보를 소유하는 것을 넘어 지식이 존재화되어야 한다. 그리고 지식을 넘어서 지혜와 영감의 차원으로 들어가야만 한다.

최근에 한 자료가 담긴 컴퓨터 디스켓을 보았는데 그 디스켓 하나에 십만 개의 자료가 들어 있었다. 엄청난 양의 정보이다. 그런데 그 디스켓을 갖고 있다고 해서 그것이 내 것이 되는 것은 아니다. 정보가 내 것이 되기 위해서는 정보를 활용할 줄 알아야 한다. 그리고 먼저 누가 그 정보를 알고 있으며 어디에 있는지를 알아야 내 것이 된다. 그리고 지식이 내 존재로 바뀔 때 그것이 내 것이 된다.

두 번째는 지식을 선별하라. 좋은 지식을 선별하라. 모든 지식이 다 좋은 지식은 아니다.

세 번째는 좋은 지식을 확신하라. 확신하지 않으면 안 된다.

네 번째는 지식을 활용할 수 있는 지혜를 얻으라. 지식은 활용할 때 힘이 된다. 그 지식을 활용하는 힘은 바로 지혜에 있다.

다섯 번째는 지식을 실천할 때 열매를 맺는다는 사실을 기억하라.

여섯 번째는 작은 것부터 실천에 옮기라.

일곱 번째는 작은 승리의 감격을 간직하라.

이스라엘이 아말렉과의 전투에서 승리한 비결은 여호수아의 전법이 아니라 모세의 기도였다. 하나님께서 승리의 결과를 율법책에 기록해서 여호수아의 귀에 외워 들리라고 말씀하셨다(출 17:14). 그 이유는 세 가지이다. 첫째, 아말렉과의 전투의 승리는 칼의 승리가 아니라 하나님의 승리라는 것이다. 두 번째, 승리는 기도를 통해서 주어진다는 것이다. 세 번째, 승리의 감격을 계속해시 간직히라는 것이다.

승리의 감격을 간직하고 있는 사람이 계속해서 승리할 수 있다. 그래서 여호수아에게 외워 들리라고 말씀하신다. 승리자라는 의식을 말씀으로 심어 주기 위해 계속해서 외워 들리라고 하신다. 어떤 면에서 승리의 의식화라고 해도 과언이 아니다. 승리의 말씀으로 우리의 존재 자체가 승리자로 완전히 바뀌어 버린다. 먼저 승리 의식이 있어야 한다. 승리자는 장소를 초월해서 어디에서든지 승리하게 되어 있다. 작은 승리의 감격을 간직하라.

내 생애의 가장 커다란 감격은 초등학교 때 그림 대회에서 가작 입선을 한 것이다. 그 후로 그림으로 상을 받아 본 적은 없지만 처음으로 가작 입선했다는 기쁨 때문에 가슴이 뛰었다. 한 번의 승리의 기쁨이 다음 승리의 기쁨이 될 수 있도록 도와주었다. 작은 승리의 감격을 간직하라. 더 큰 승리로 연결될 것이다.

여덟 번째는 작은 승리에서 큰 승리로 연결시키라.

아홉 번째는 큰 승리를 경험할 때 쉽게 안주하지 말라.

승리를 경험할 때 조심해야 한다. 승리에는 굉장한 유혹이 있다. 우리는 마라토너가 되어야 한다. 마라토너의 목표는 일등이 아니다. 완주하는 데 있다. 마라토너에게는 목표 지점에 들어가면 누구나 승리자이다. 많은 경우에 조금 승리하고 나서 그냥 안주해 버린다. 그러니까 발전하지 못한다. 이제 편안하다고 느낄 때가 위험한 때이다. 정말 조심해야 한다.

열 번째는 큰 승리를 경험할 때 또 다른 목표를 세우라.

큰 승리를 경험할 때 또 다는 목표를 세워야 계속해서 발전할 수 있다. 중요한 것은 신실함이다. 우직하게 가는 것이다. 그러면 언젠가는 아름다운 결실을 맺게 된다. 계속 앞으로 나아가야 한다. 인생은 자전거를 타는 것과 같다. 계속 폐달을 밟는 한 넘어질 염려가 없다.

나는 작곡가 다리우스 밀하우드(Darius Milhaud)의 말을 좋아한다. 그는 훌륭한 작곡가로 400여 곡이나 썼다. 어떤 사람이 그에게 "만약 당신이 황량한 섬에 가야 한다면 당신이 쓴 곡 중에 가장 잘된 것 중 어떤 작품을 갖고 가겠느냐"고 질문을 했다. 그는 "나는 빈 종이를 들고 가겠다. 그리고 내가 가장 좋아하는 곡을 거기에서 쓰겠다"고 말했다고 한다. 거룩한 불만족을 가지고 살아가는 사람의 모습이다.

성취의 과정에서 가장 중요한 것은 성실성이다. 성취보다 더 중요한 것은 성취의 과정에서 성실한 사람이 되는 것이다. 존재가 변화되는 것이다. 하나님의 가장 중요한 관심은 성공보다는 성실에 있다. 성공을 측정하는 하나님의 방법은 성실함이다. 마더 테레사는 "하나님은 나를 성공하라고 부르시지 않았다. 하나님은 나를 신실한 일꾼으로서 부르셨을 뿐이다"고 말했다. 그녀는 성공을 성실로 부르고 있다. 좋은 의미이다.

성실하게 대가를 지불하는 삶을 살면 그 결과는 반드시 열매를 맺게 된다. 이것을 잊지 말라. 하나님은 심은 것을 거두게 하신다. 농작의 법칙만큼 정직한 법칙은 없다. 농부에게 있어서 가장 중요한 것은 성실함이다. 매일매일 대가를 지불하면서 농작물을 돌볼 때 풍성한 수확을 얻게 된다. 토마스 아 켐피스는 "정녕 심판 날에 무엇을 읽었느냐보다는 무엇을 하였느냐, 얼마나 말을 잘했느냐보다는 얼마나 헌신적으로 살았느냐에 대해 질문을 받게 될 것이다”라고 말했다.

눈물을 흘리면서 씨를 뿌리면 아름다운 결실을 맺을 수 있다.

“눈물을 흘리며 씨를 뿌리는 자는 기쁨으로 거두리로다 울며 씨를 뿌리러 나가는 자는 정녕 기쁨으로 그 단을 가지고 돌아오리로다”(시 126:5-6).

많이 눈물 흘리는 것을 두려워 말라. 값을 지불하는 만큼 결과는 분명히 있다. 심은 대로 거두게 된다. 또한 심은 것보다는 항상 더 많이 거두게 된다. 이것이 농작의 법칙이다. 오늘 무엇을 심었느냐, 어떤 꿈을 가지고 있느냐에 따라 내일이 결정이 된다. 또한 오늘 어떻게 땀을 흘렸으며 훈련받았느냐가 내일을 결정한다. “아무리 헌신된 열심히라도 훈련받지 아니하면 거의 쓸모가 없다”고 허드슨 테일러는 말했다.

자신을 개발하기 위해서 대가를 지불하다 보면 놀라운 사실을 발견하게 된다. 값을 지불한 것 이상으로 그 결과를 얻을 뿐만 아니라 자신 안에 있는 능력이 점점 극대화되는 것을 경험하게 된다. 그런 면에서 시드니 해리스의 말은 진실이다. 그것은 누구나 경험할 수 있는 법칙이다. "능력의 진보라는 것은 기하학적인 증거를 보여 주는 법이다. 당신이 100퍼센트를 더 진보하기 위해서는 10퍼센트만 더 잘하면 된다." 문제는 10퍼센트를 잘하기 위해서 값을 지불하는 헌신인 것이다. 작은 노력들을 통해서 큰일들이 벌어진다. 하나를 꿰뚫으라. 그리고 우직하게 가라.

나는 1984년부터 큐티를 하기 시작했다. 가르쳐 주는 사람이 없어서 하용조 목사님이 하신 큐티 세미나 테이프를 들으면서 매일 큐티를 했다. 큐티의 전문가가 되겠다고 생각해 본 적이 없다. 그냥 우직하게 매일매일 했다. 그러던 어느 날 큐티 세미나를 인도해 달라고 연락을 받았다. 나는 조용히 있었는데 사람들에 의해 발견되기 시작한 것이다.

큐티도 계속하다 보니까 한계를 느꼈다. 조금 더 깊이 해야 되겠다는 생각이 들어서 영성 훈련에 관심을 갖고 영성에 관한 책을 읽었다. 그때 단면적인 큐티가 입체적으로 열리는 경험을 했다. 영성을 개발하는 축복을 누리게 되었다. 영성을 개발하기 위해 매일매일 자신을 가꾸던 어느 날, 영성에 대한 강의를 해달라는 요청을 받았다. 또한 리더십이 부족하기 때문에 리더십에 관한 책을 읽었다. 그러던 중 존 맥스웰이 쓴 「당신 안에 잠재된 리더십을 키우라」를 번역하게 되었고 신학교에서 강의도 하게 되었다. 이 말씀을 드리는 이유는 대가를 지불하는 만큼 결과가 있다는 것이다.

중요한 것은 누가 한 분야를 계속하느냐는 것이다. 존 맥스웰은 "당신이 한 분야를 하루에 1시간씩 5년 동안 계속한다면 당신은 그 분야의 전문가가 될 수 있다"고 말했다. 이런 좋은 충고를 받고도 실천하지 않으면 소용이 없다. 어떤 주제에 대해 전문가가 되고 싶으면 그 분야를 선택해서 계속 연구하라.

여섯째, 절대로 포기하지 마라.

자기를 개발하는 사람의 가장 큰 위기는 포기하고 싶은 마음이다. 마라토너에게 가장 무서운 유혹은 골인점을 앞에 둔 3분의 2지점쯤 갔을 때 포기하고 싶은 유혹이라고 한다. 그러나 탁월한 마라토너일수록 마지막 골인 지점을 앞에 두고 힘있게 달려갈 수 있는 힘을 비축한다. 자기를 개발하는 사람들은 마지막 순간까지 잘 뛸 수 있도록 힘을 비축하는 지혜가 필요하다.

자기를 정복하는 자가 자기를 개발할 수 있다. 마라토너가 중도에 포기하지 않기 위해서는 자신을 정복해야 한다. 자신의 감정을 이겨야 한다.

올림픽 2연승을 이룩한 에티오피아의 위대한 마라토너 아베베, 그는 1964년 도쿄 올림픽 마라톤 레이스에 임하기 전 67명의 전체 참가자 중에 누가 가장 강적이냐는 질문을 받았다. 그의 대답은 망설임이 없었다. "강적은 바로 나 자신입니다."

자신을 이길 수 있는 영성 훈련이 필요하다. 버티는 힘이 있어야 한다. 하나님이 도와주셔야 하고, 함께 뛸 수 있는 후원 그룹이 있어야 한다. 좋은 영적 안내자를 만나는 것이 좋다.

믿음으로 산다는 것은 뒤로 물러서지 않는 것이다. 성경은 "오직 나의 의인은 믿음으로 말미암아 살리라 또한 뒤로 물러가면 내 마음이 저를 기뻐하지 아니하리라 하셨느니라"(히 10:38)고 말한다. 나는 누가복음 9장 62절 말씀을 좋아한다. 자주 묵상한다.

"예수께서 이르시되 손에 쟁기를 잡고 뒤를 돌아보는

자는 하나님의 나라에 합당치 아니하니라 하시니라."

인생의 승리자가 되기 위해 적극적인 인생을 선택하라. 당신이 당신의 인생을 선택하지 않으면 누군가가 당신의 인생을 선택한다. 스티븐 코비는 이 말을 '주도적이 돼라'고 표현한다. 그리스도 안에서 출발한 당신의 인생을 올바로 선택하고 결정하라.

포기하고 싶을 때 조금만 더 인내하라. 용기란 무엇인가? 테드 엥스트롬은 "용기는 5분을 인내하는 것이다"라고 말했다. 힘이 들 때 하나님을 바라보라. 포기하고 싶을 때 한걸음 더 나아가라. 조금 더 기도하라. 조금 더 엎드리라. 조금 더 인내하라. 조금 더 노력하라. 하나님을 앙망하라. 힘들 때는 주님을 바라보라. 적극적으로 움직이라. 참된 영성은 행동하는 영성이다. 그저 주저앉아 있는 것이 아니다. 영성의 최고봉은 균형이다. 기다릴 때가 있고, 움직일 때가 있다. 명상할 때가 있고, 행동할 때가 있다.

실패와 좌절을 두려워 말라. 실패 관리를 잘하라. 실패를 기회로 만들라. 시도하지 않는 것이 가장 큰 실패이다. 가장 낮은 목표가 실패임을 기억하라. 실패는 정지 표시가 아니라 방향 전환 표시이다. 다른 방법으로 시도해 보라는 표시이다.

히브리서 기자는 포기하고 싶을 때, 피곤할 때 우리 예수님을 생각하라고 권면한다.

"믿음의 주요 또 온전케 하시는 이인 예수를 바라보자 저는 그 앞에 있는 즐거움을 위하여 십자가를 참으사 부끄러움을 개의치 아니하시더니 하나님 보좌 우편에 앉으셨느니라 너희가 피곤하여 낙심치 않기 위하여 죄인들의 이같이 자기에게 거역한 일을 참으신 자를 생각하라"(히 12:2-3).

노력하면 결실을 꼭 맺게 되어 있다. 인생은 정직하다. 심은 것은 거두게 되어 있다. 거듭 말하건대 하나님의 기회와 사람의 준비가 만나는 곳에 형통이 있다.


일곱째, 꿈을 성취한 다음에 다른 사람들을 섬기라.

꿈을 성취하는 것보다 더 어려운 것은 성취를 누리는 것이다. 그리고 성취를 섬김의 기회로 삼는 것이다. 자기 개발의 목표는 자기 자신을 위해서가 아니라 남을 위해 살겠다는 것을 의미한다. 열매를 맺으면 누가 열매를 먹는가? 열매는 자기가 먹는 것이 아니라 다른 사람들이 먹는다. 그래도 열매를 맺는 것은 아름다운 것이다.

우리가 대가를 지불하여 자신을 개발하고 꿈을 성취하면 우리가 누리게 될 축복과 영광도 있다. 우리가 하나님의 이름을 높여 드리면 하나님은 우리의 이름을 책임지신다. 그러나 우리의 궁극적인 관심은 우리의 성공을 섬김의 기회로 삼는 것이다. 우리의 성장을 성숙으로 연결하는 것이다.

나 자신만을 위한 꿈의 성취로 만족한다면 그토록 힘든 자기 개발의 과정을 거칠 필요가 없을지도 모른다. 그러나 다른 사람을 돕고, 다른 사람이 진리이신 예수님 안에서 자유를 누리도록 돕기 위해서 우리는 꿈을 성취해야 한다. 그래서 몸부림치는 것이다. 섬김을 통해서 우리 안에 계신 예수님은 증거되고, 하나님이 영광을 받으신다.

성공이 꽃과 같은 것이라면 섬김은 열매와 같은 것이다. 하나님의 관심은 꽃을 피우는 것이 아니라 열매를 맺는 것이다. 우리의 궁극적인 관심은 섬김에 있다. 섬기는 삶만큼 향기 나는 삶이 없다. 우리 생애의 가장 큰 행복은 다른 사람을 섬기는 것이다. 다른 사람의 행복을 위해 자신을 희생하는 것이다. 그것이 제자의 길이다. 예수님은 "너희가 과실을 많이 맺으면 내 아버지께서 영광을 받으실 것이요 너희가 내 제자가 되리라"(요 15:8)고 말씀하셨다.

하나님께서 우리에게 바로 제자의 길로 가기 위해서 열매를 풍성히 맺도록 권면하신다.

"너희가 나를 택한 것이 아니요 내가 너희를 택하여 세웠나니 이는 너희로 가서 과실을 맺게 하고 또 너희 과실이 항상 있게 하여 내 이름으로 아버지께 무엇을 구하든지 다 받게 하려 함이니라"(요 15:16).

## 나가는 말

# 자아 개발을 넘어 자아를 초월하라

자아 발견에서 자기 개발로 나아가고, 자기 개발을 넘어서 자기 초월로 나아가야 한다. 자기 개발의 목표는 자신을 위하기보다 다른 사람을 위한 것이다. 다른 사람을 위해 자신을 개발할 때 자기 개발을 넘어서 자기를 초월하는 단계에 들어가게 된다. 자기 초월은 하나님을 위해, 다른 사람을 위해, 하나님이 맡기신 사명을 완수하기 위해 자신을 드리는 것이다. 자기를 초월할 때 우리는 하나님의 꿈을 이루어 드리는 사람이 된다.

하나님의 가장 위대한 꿈은 예수님이시다. 예수님은 하나님의 비밀이다. 하나님의 능력이요, 하나님의 지혜다. 하나님의 꿈은 복음 안에 담겨 있다. 우리가 이루어야 할 가장 중요한 성취는 예수님을 닮아 가는 것이다. 가장 아름다운 재능은 예수님을 닮는 것이다. 가장 위대한 일은 예수님을 사랑하는 것이다. 가장 위대한 업적은 예수님을 증거하는 것이다. 가장 영광스런 일은 예수님의 이름을 남기는 것이다. 가장 향기 나는 사람은 예수님처럼 섬기는 삶을 사는 것이다.

꿈을 성취하는 것보다 중요한 것이 있다. 꿈을 성취하는 과정을 통해 우리가 어떤 사람으로 빚어지느냐는 것이다. 무엇인가를 성취하고 얻는 것보다 중요한 것은 무엇이 되는 것이다. 예수님을 닮아 가는 그리스도인이 되는 것이다. 여기에 자아를 발견하고 개발하는 목표가 있다.

그리스도인의 가장 중요한 목표는 예수님의 형상을 닮는 것이다. 그 이상도, 이하도 아니다. 우리는 우리 자신이 되어야 한다. 우리 기질과 개성을 가져야 하지만, 우리 안에 예수님의 모습이 있어야 한다. 바울의 고백처럼 내 안에 그리스도가 살아야 한다. 나의 삶의 목표는 그리스도를 존귀케 하는 것이다. 이것이 가장 거룩한 야망이다.

바울은 "나의 간절한 기대와 소망을 따라 아무 일에
든지 부끄럽지 아니하고 오직 전과 같이 이제도 온전히
담대하여 살든지 죽든지 내 몸에서 그리스도가 존귀히
되게 하려 하나니 이는 내게 사는 것이 그리스도니 죽는
것도 유익함이니라"(빌 1:20-21)고 고백했다. 바울의 고
백이 당신과 나의 고백이 되길 소원힌디.

| 참고 도서 |

- 강준민, 「뿌리 깊은 영성」 (두란노)

- 강준민, 「뿌리 깊은 영성으로 세워지는 교회」 (두란노)

- 강준민, 「독서와 영적 성숙」 (두란노)

- 고든 맥도날드, 홍화옥 역, 「내면 세계의 질서와 영적 성장」 (IVP)

- 도널드 휘트니, 「영적 훈련」 (네비게이토)

- 대니얼 골먼, 황태옥 역, 「감성 지능 EQ 상·하」 (비전코리아)

- 로널드 클럭, 오연희 역, 「영혼의 일기와 영적 성숙」 (두란노)

- 리처드 포스터, 송준인 역, 「기도」 (두란노)

- 리처드 포스터, 「영적 훈련과 성장」 (생명의말씀사)

- 마이클 J. 겔브, 공경희 역, 「레오나르도 다빈치처럼 생각하기」 (대산출판사)

- 메조리 J. 톰슨, 고진옥 역, 「영성 훈련의 이론과 실천」 (은성)

- 블레즈 파스칼, 서원모 역, 「팡세」 (크리스챤 다이제스트)

- 스티븐 코비, 박재호, 김경섭, 김원석 역, 「성공하는 사람들의 7가지 습관」 (김영사)

- 아치발트 하트, 윤후남 역, 「마음의 습관」 (요단출판사)

- A. W. 토저, 강귀봉 역, 「경건 생활의 기초」 (생명의말씀사)

- A. W. 토저, 이영희 역, 「하나님을 추구함」 (생명의말씀사)

- 워렌 위어스비, 「위대한 발자취를 남긴 사람들」 (엠마오)

- 오스왈드 샌더스, 이동원 역, 「영적 지도력」 (요단출판사)

- 장경철, 「하나님 공부하기」 (낮은울타리)
- 제랄드 R. 맥더못, 황규일 역, 「주만 바라볼지라」 (기독교문서선교회)
- 존 맥스웰, 오연희 역, 「열매 맺는 지도자」 (두란노)
- 존 맥스웰, 강준민 역, 「당신 안에 잠재된 리더십을 키우라」 (두란노)
- 존 화이트, 김경옥 역, 「내적 혁명」 (조이선교회)
- 테드 엥스트롬, 윤향연 역, 「유능한 사람이 되는 비결」 (생명의말씀사)
- 폴 스티븐슨, 박영민 역, 「현대인을 위한 생활영성」 (IVP)
- 폴 투르니에, 권달천 역, 「인간 치유」 (생명의말씀사)
- 폴 투르니에, 한준석 역, 「삶에는 뜻이 있다」 (종로서적)
- 폴 투르니에, 소승연 역, 「비밀」 (IVP)
- 키이스 밀러, 김태곤 역, 「내면 세계의 비밀」 (생명의말씀사)
- 헨리 나우웬, 이상미 역, 「영적 발돋움」 (두란노)
- 헨리 나우웬, 박동순 역, 「영혼의 양식」 (두란노)
- 헨리 나우웬, 최원준 역, 「상처 입은 치유자」 (두란노)
- 히로니카 헤이스케, 방승양 역, 「학문의 즐거움」 (김영사)
- Bill Hybels, *Honest God?: Becoming an Authentic Christian*, (Zondervan Publishing House)